행복한 태교 바느질

Foreign Copyright:
Joonwon Lee
Address: 3F, 127, Yanghwa-ro, Mapo-gu, Seoul, Republic of Korea
         3rd Floor
Telephone: 82-2-3142-4151
E-mail: jwlee@cyber.co.kr

아기와 엄마 모두를 위한 선물 DIY
행복한 태교 바느질

2009. 11. 11. 1판 1쇄 발행
2014. 10. 10. 1판 4쇄 발행
2020. 7. 21. 장정개정 1판 1쇄 발행

저자와의
협의하에
검인생략

지은이 | 김경희
펴낸이 | 이종춘
펴낸곳 | BM (주)도서출판 성안당
주소 | 04032 서울시 마포구 양화로 127 첨단빌딩 3층(출판기획 R&D 센터)
     | 10881 경기도 파주시 문발로 112 출판문화정보산업단지(제작 및 물류)
전화 | 02) 3142-0036
     | 031) 950-6300
팩스 | 031) 955-0510
등록 | 1973. 2. 1. 제406-2005-000046호
출판사 홈페이지 | www.cyber.co.kr
ISBN | 978-89-315-8979-5 (13630)
정가 | 18,000원

이 책을 만든 사람들
책임 | 최옥현
진행 | 정지현
교정 · 교열 | 안세현
본문 디자인 | 김희정
표지 디자인 | 박원석
홍보 | 김계향, 유미나
국제부 | 이선민, 조혜란, 김혜숙
마케팅 | 구본철, 차정욱, 나진호, 이동후, 강호묵
마케팅 지원 | 장상범, 조광환
제작 | 김유석

이 책의 어느 부분도 저작권자나 BM (주)도서출판 성안당 발행인의 승인 문서 없이 일부 또는 전부를 사진 복사나 디스크 복사 및 기타 정보 재생 시스템을 비롯하여 현재 알려지거나 향후 발명될 어떤 전기적, 기계적 또는 다른 수단을 통해 복사하거나 재생하거나 이용할 수 없음.

■ 도서 A/S 안내

성안당에서 발행하는 모든 도서는 저자와 출판사, 그리고 독자가 함께 만들어 나갑니다.
좋은 책을 펴내기 위해 많은 노력을 기울이고 있습니다. 혹시라도 내용상의 오류나 오탈자 등이 발견되면 **"좋은 책은 나라의 보배"**로서 우리 모두가 함께 만들어 간다는 마음으로 연락주시기 바랍니다. 수정 보완하여 더 나은 책이 되도록 최선을 다하겠습니다.
성안당은 늘 독자 여러분들의 소중한 의견을 기다리고 있습니다. 좋은 의견을 보내주시는 분께는 성안당 쇼핑몰의 포인트(3,000포인트)를 적립해 드립니다.
잘못 만들어진 책이나 부록 등이 파손된 경우에는 교환해 드립니다.

아기와 엄마 모두를 위한 선물 DIY

행복한 태교 바느질

핸즈네 **김경희** 지음

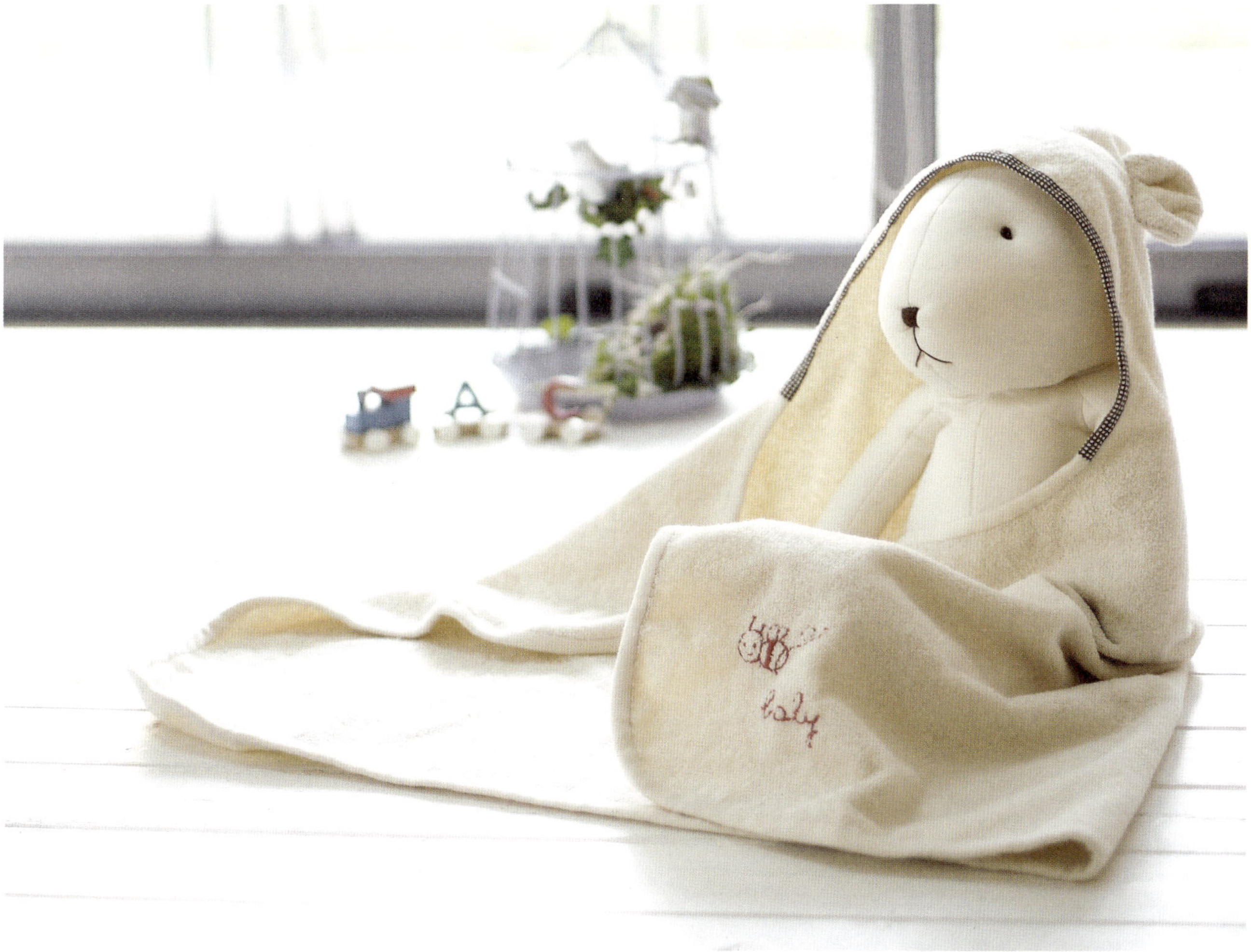

BM (주)도서출판 성안당

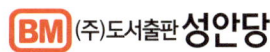

36.5도 감성 에코맘 프로젝트
엄마의 체온을 담아!

문득, 어머니가 손수 바느질하여 지어주신 옷을 입고 친구들에게 자랑하며 뛰어놀던 철없던 한 아이가 생각이 납니다. 그 아이도 어딘가 조금은 부족하고 엉성해 보이지만 어머니가 만들어주신 옷의 특별함과 소중함을 느끼고 있나 봅니다. 아기를 위해 행복한 마음을 담아 한 땀 한 땀 바느질로 전하는 따뜻한 감성은 앞으로 태어날 우리 아기에게 그대로 전달이 된답니다.

유아 가구와 패브릭 소품을 하던 저는 가구회사에서 하던 일을 잠시 놓고, 아기를 사랑하는 엄마의 마음을 담아 "핸즈(Hanz)"라는 회사를 창업하였고, 백화점 문화센터 및 기업체 산부인과, 보건소 교육 등 다양한 강의 프로그램을 진행하게 되었습니다. 그리고 그곳에서 저와 같은 생각을 갖은 어머님들을 많이 만나 뵙게 되면서 친환경 소재인 오가닉코튼을 이용한 아기용품에 더욱 관심을 가지게 되었고, 앞으로도 많은 이들에게 좋은 소재를 알리고 '에코맘'을 실천하고자 책을 쓰게 되었습니다.

아기에게 옷을 만들어 주는 것도 중요하지만 아기 피부의 보호를 위해서 더욱 빠트릴 수 없는 친환경 소재는 우리 엄마만이 고를 수 있는 특권이 아닐까 싶어요. 또한 오가닉코튼을 사용하는 것은 이제 더 이상 아기 피부만을 위한 것이 아니라 우리의 후손들에게도 깨끗한 환경을 물려주어야 할 의무를 가지고 있습니다. 그 실천에 앞장서고자 노력하는 '에코맘'이 되도록 여러분도 함께 했으면 합니다.

책을 준비하는 지난 1년이란 시간이 저에게는 가슴 벅찬 행복이었고, 이 순간 역시도 무척이나 가슴 뛰고 설렙니다. 사진 한 컷 한 컷 글 토시 하나까지 엄마의 체온을 느낄 수 있도록, 엄마의 냄새를 맡을 수 있는 따뜻한 책이 되도록 많은 독자에게 사랑받는 책이 되었으면 합니다.

책을 만드는 동안 좋은 사람들과 함께 하면서 너무나 행복했고 저의 소박한 꿈을 함께 나누며 같이 준비해주신 고마운 분들이 너무나 많습니다.

핸즈를 아껴주고 늘 묵묵히 힘을 실어주신 이성엽 과장님, 언제나 힘들고 싫은 내색 없이 달려와 준 친구 유단이와 사랑하는 후배 소연이를 비롯한 우리 핸즈 식구들, 마지막으로 나에게 여성스러움과 따뜻한 감성을 안겨주신 사랑하는 엄마 아빠, 그리고 동생 경원이에게 진심으로 아낌없는 감사와 사랑을 전합니다.

차례

story 01

아기가 태어나 돌을 맞기 전까지 사용하는 옷과 용품을 소개합니다. 엄마의 따뜻한 손길로 정성과 마음을 담아 아기에게 전달해요.

엄마표 아가옷

- 배냇저고리 | 18
- 손·발싸개 | 24
- 파일럿모자 | 30
- 밀키턱받이 | 34
- 주머니턱받이 | 38
- 플라워턱받이 | 42
- 양면조끼 | 46

story 02

세상에서 가장 예쁜 우리 아기! 잦은 외출을 할지 모르는 생후 6개월 부터는 얼굴, 손과 발을 보호해 주세요.

엄마표 아기용품

- 마스크 | 54
- 어그부츠 | 58
- 프린세스보넷 | 62
- 리본슈즈 | 68
- 보행기슈즈 | 72
- 바스가운 | 78
- 보타이 | 82

에코맘 프로젝트!
지금부터 시작하세요.

story 03
포근한 아기방 꾸미기

걷기 전까지 주로 누워있는 우리 아기에게 포근한 베개를
선물하고, 베이비리스를 달아 주어 아기에게 무한한
상상력을 선물하세요.

- 좁쌀베개 | 88
- 소짱구베개 | 94
- 양짱구베개 | 100
- 랑이 짱구베개 | 106
- 베이비리스&모빌 | 112

story 04
안전교육 완구

손과 발이 종종 입으로 가는 아기!
알 수 없는 소재의 천으로 우리 아기를 노출시킬 수는 없겠죠?
이제 우리 아기에게 걱정 없는 환경을 제공해 주세요.

- 딸랑이 | 120
- 몽이인형 | 124
- 애벌레인형 | 134
- 소프트볼 | 138
- 앨리인형 | 142

자연 속으로…

About organic cotton

✽ 오가닉코튼 organic cotton 이란 무엇이고 왜 중요할까요?

오가닉코튼은 화학약품을 일절 사용하지 않고 생태적, 친환경적인 방식으로 재배되고 가공의 단계에서도 화학처리를 하지 않고 만들어진 면이랍니다. 우리가 오가닉코튼을 사용하는 것은 아주 중요한 의미가 있지요. 사람에게 유해하지 않고 안전한 옷을 입을 수 있는 것만이 아닌, 건강한 자연을 우리 후손까지도 전달해 줄 수 있는 중요한 방법이 되기 때문입니다.

✽ 오가닉코튼을 이용하여 무엇을 만들 수 있나요?

오가닉 목화 cotton뿐 아니라, 양모 wool, 리넨 linen 등의 오가닉 원료가 있습니다. 하지만 가장 많이 쓰이는 것은 면사 cotton yarn입니다. 아기옷 배냇저고리, 턱받이, 우주복, 내의 등, 침구시트, 매트리스 커버, 이불, 베게 등, 집에서 사용하는 가정용품 행주, 타월 커튼 등 생활에 활용할 수 있는 대부분의 용품을 오가닉코튼으로 만들 수 있습니다. 하지만 그 중에서도 오가닉코튼을 가장 빛낼 수 있는 것은 단연 아기용품이겠죠! 피부에 직접 닿는 의류와 아기가 입에 물고 빠는 장난감을 안심할 수 있는 오가닉코튼으로 만들고 아기와 함께 그 편안한 매력에 푹 빠져보는 것은 어떨까요?

* **어떻게 하면 오가닉코튼을 믿고 고를 수 있나요?**

오가닉코튼에 대한 관심이 높아지고 이용하는 사람들이 많아지면서 가장 많이 받는 질문이었습니다. 사실 현재까지는 증명할 수 있는 기준이 법적으로는 되어 있지 않지만 가장 보편화되어 있고, 국제적으로 통용되는

국제 오가닉 섬유 기준Global Organic Textile Standard 오가닉 면 혼합 기준Organic Exchange Blended Guideline에 맞는 인증 제품을 고르는 것이 가장 안심할 수 있는 방법이라고 할 수 있어요.

로고와 **인증번호**, 오가닉 원료의 함량이 정확하게 적혀 있으면 인증제품으로 일단 볼 수 있으니까 꼼꼼하게 살펴보고 선택하세요.

* **오가닉코튼 + 알파**

아기가 입는 옷과 입에 물고 빠는 장난감이니 만큼 안전한 것이 제일 중요하지만 오가닉코튼의 자연스러운 느낌만으로는 2% 부족하게 느껴질 때가 많아요. 아기 피부에 직접 닿는 면은 오가닉코튼을 이용하고, 피부에 닿지 않는 부분에 작은 포인트로 귀여운 멋을 내보세요.

가장 효과적인 멋 내기 아이템은 빨강, 브라운 컬러 실 스티치와 장식 수, 자연스러운 느낌을 살리는 나무 단추 달기, 체크, 플라워, 스트라이프, 도트 등 다양한 패턴의 바이어스로 포인트 주기, 라벨, 펠트원단으로 포인트 주기 등을 제안합니다.

* **오가닉코튼 세탁하기**

1. 세탁기에 마구 돌리지 마세요.
2. 30~40도 온수에 아기 전용세제를 풀어 넣고 조물조물 손빨래 해주는 것이 가장 좋습니다.
3. 의류는 옷걸이에 걸어서 그늘에 말려주고 인형&장난감류는 수건으로 꾹꾹 눌러 물기를 빼주어 손 탈수한 후 모양을 잘 잡아 그늘에 건조시킵니다.

 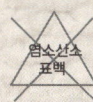 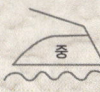 

알아두면 유용한 정보

기본준비도구 및 부재료

① **바늘** 번호가 클수록 작은바늘이며, 손바느질시 보통 9호정도가 적당합니다. 너무 굵은 바늘은 원단에 구멍이 날 수 있으니 주의해야 합니다.

② **퀼팅 실** 코팅이 되어 있는 튼튼한 퀼트용 실로 자주 세탁하는 아기용품을 만드는데 좋습니다. 아이보리색 한 가지만 갖춰두어도 충분하며 한 줄로 사용합니다.

③ **수실** 스티치를 하거나 이니셜을 수놓을 때 사용하는 장식실로 브라운색, 붉은색 정도만 갖춰두어도 편리합니다.

④ **재단가위** 원단만을 자를 때 사용합니다. 반드시 종이를 자르는 가위와 원단을 자르는 가위를 구별해서 사용해야 가윗날이 상하지 않습니다.

⑤ **쪽가위** 실밥 처리하기 편리합니다. 날이 예리해서 조심해서 사용합니다.

⑥ **펜** 원단 위에 도안 또는 패턴을 그릴 때 사용하는 도구로 펜슬타입으로 되어 있어 정교한 선을 그릴 수 있습니다. 물을 뿌리면 자국이 사라지는 수성펜과 시간이 지나면 공기 중으로 자국이 날아가는 기화펜이 있습니다.

⑦ **자** 일정한 시접이 눈금 표시되어 있어 편리한 작은 자와 긴 줄자를 준비하면 편리합니다.

⑧ **시침핀 & 핀쿠션** 원단끼리 밀리지 않도록 고정할 때 사용하는 핀, 문구용 핀은 두꺼워서 원단에 구멍이 날 수 있으니 반드시 원단용 시침핀을 사용합니다.

⑨ **솜** 구름솜 & 방울솜 - 인형 또는 장난감 안에 넣어 입체감을 표현하는데 사용합니다.

　　　퀼트솜 : 원단 두 겹 사이에 넣어 폭신폭신한 촉감을 표현하는데 사용합니다.

⑩ **벨크로** 까칠한 부분과 보들보들한 부분이 한 쌍으로 되어있는 접착식 테이프로 여밈 장식에 사용합니다.

⑪ **소리도구** 누르면 소리가 나는 삑삑이, 흔들면 방울소리가 나는 딸랑이 등 아기의 흥미를 유발하는 유용한 도구입니다.

⑫ **고무줄**

⑬ **면 끈** 아기용 면 끈(9mm)으로 배냇저고리 등에 많이 사용됩니다.

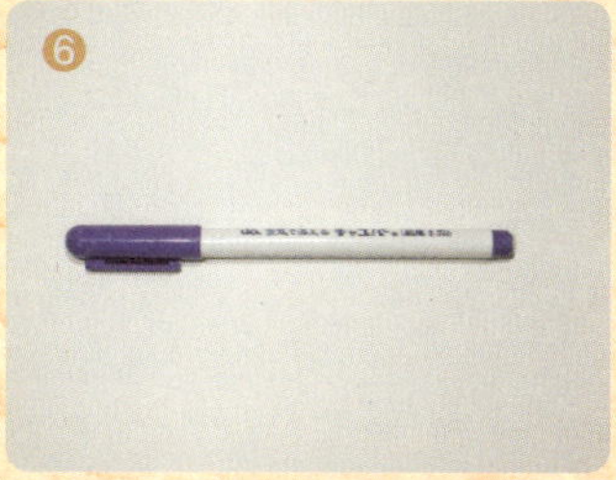

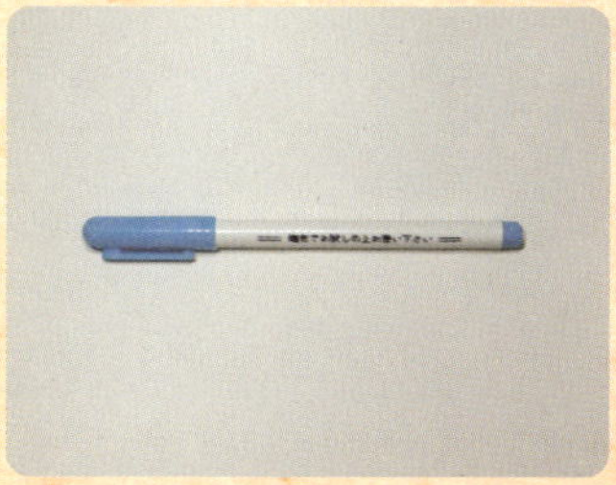

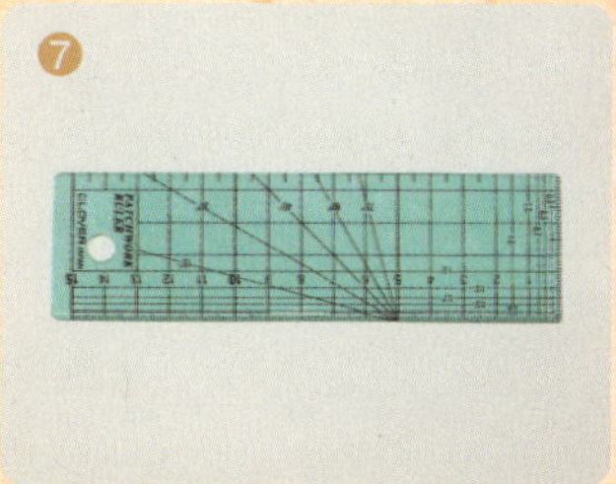

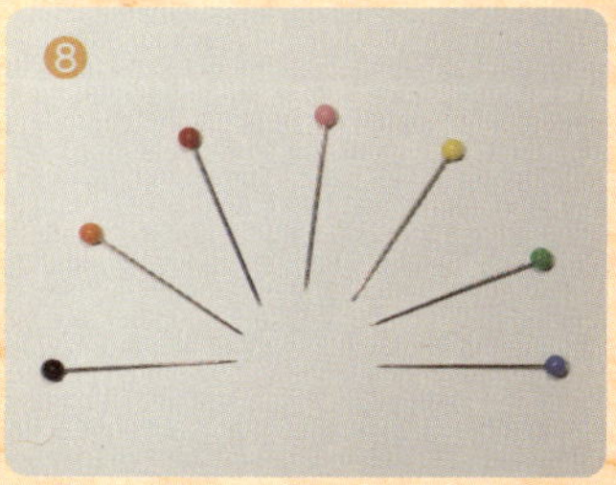

1 도안을 그릴 때 단위는 가로×세로(cm)이며 식서 방향에 맞추어 원단 안쪽면에 그립니다.
2 두 장을 겹쳐서 재단할 때는 대칭이 되도록 모두 겉끼리 마주대고 재단해주세요.
3 실은 기본적으로 원단과 같은 색을 사용하며 포인트 홈질의 경우 브라운이나 붉은 색 계열을 사용하면 예쁩니다.
4 원단은 오가닉코튼을 사용하였으며, 구하기 힘든 원단 및 부자재의 경우 대체할 수 있는 원단 및 구입처를 기입했습니다.

기초바느질 방법

① 실 매듭짓기
실 끝을 잡고 그 위에 바늘을 올려준 다음 실을 3~4번 감아줍니다. 감아준 부분을 엄지와 검지로 잘 잡고 바늘을 위로 올려 뽑아 올려주면 매듭이 지어집니다.

〈손가락으로 매듭짓기〉
손가락으로 실을 한 바퀴 말아준 후 끝으로 잡아당겨 매듭을 지어줍니다.

  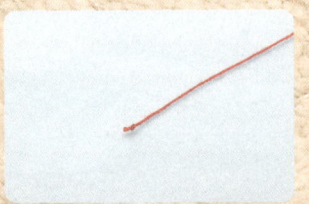

② 바느질 끝 매듭 처리하기
바느질 끝나는 곳에서 매듭을 지어주고 매듭진 실이 나온 구멍으로 다시 바늘을 넣어 멀리 빼줍니다. 매듭이 나오지 않을 정도로 실을 잡아당겨준 후 가위로 바짝 잘라줍니다.

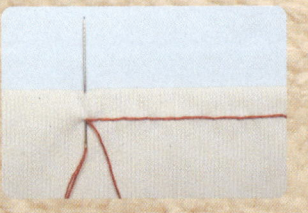  

③ 홈질
- 가장 기본적인 바느질 방법으로 바늘땀 간격 길이 2~4mm로 같습니다.
- 손으로 쥘 수 있는 만큼 5~6땀을 한꺼번에 박아줍니다.
- 주름이 잡히지 않도록 잘 당겨줍니다.

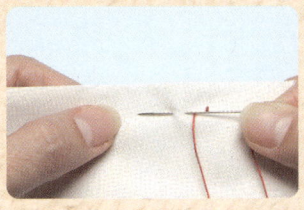 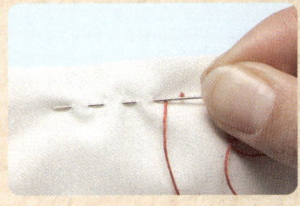 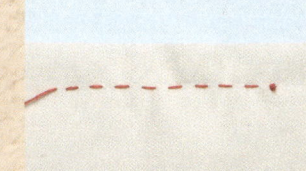

④ 박음질
- 바늘땀을 한 땀 뒤로 돌아와 뜨는 방법으로 손바느질 중 가장 튼튼한 방법입니다.
- 앞모습과 뒷모습이 둘 다 간격이 보이지 않고 땀만 보입니다.

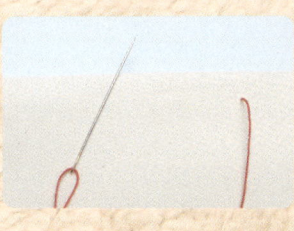 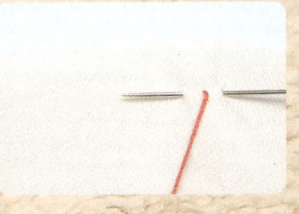 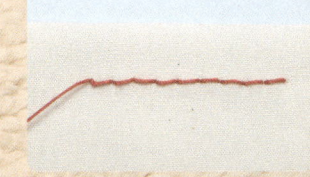

⑤ 공그르기
바늘땀이 겉으로 드러나지 않도록 꿰매는 바느질 방법으로 원단의 시접을 접어 맞대고 바늘을 양쪽 시접에서 번갈아 넣어 실 땀이 겉으로 나오지 않도록 꿰매줍니다.

  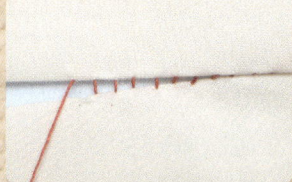

⑥ 똑따기 단추달기
구멍에 돌려가며 두 번째 감아줄 때 첫 번째 감은 구멍으로 바늘을 넣어서 당겨주고 한 번 더 감아 마무리하는 것이 튼튼합니다.

 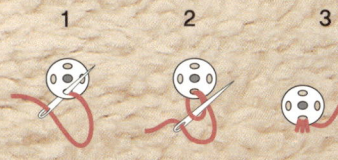

⑦ 단추달기
단추를 앞면에 놓고 실로 여러 번 꿰매줍니다. 단추 바로 밑으로 바늘을 뺀 후 단추와 원단사이에 여유분을 흔들리지 않도록 실로 감아주고 뒷면으로 바늘을 뺍니다.

 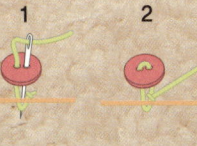 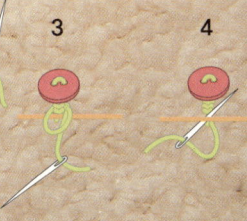

기본 양재 테크닉

① 가름솔
두 장의 천을 1cm 시접을 두고 박음질한 뒤 시접을 좌우로 펼쳐 다림질합니다.

② 바이어스
바이어스에는 정 바이어스와 직선 바이어스가 있습니다.
정 바이어스는 천을 45도 각도로 재단한 것을 말하며, 직선은 물론 곡선 부분에 사용합니다. 직선 바이어스는 천의 결(세로 또는 가로)에 맞추어 재단한 것을 말하며, 직선 부분에만 사용할 수 있어요.

②-1 정 바이어스
- **재단** – 천을 45도 각도로 재단합니다.
- **연결** – 재단한 천을 겉이 서로 겹치도록 꿰맨 다음, 시접을 갈라 다림질합니다.

 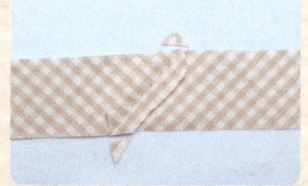

②-2 직선 바이어스
- **재단** – 천의 결(세로 또는 가로)에 맞추어 천을 재단합니다.
- **연결** – 재단한 천을 겉이 서로 겹치도록 꿰맨 다음, 시접을 갈라 다림질합니다.

②-3 바이어스 두르기
재단한 바이어스 폭을 4등분해 안쪽으로 접어 다립니다. 바이어스를 댈 천의 겉면에 재단한 바이어스의 겉면을 맞댄 후 가장 바깥쪽 접은 선 위를 박음질합니다.
박음질한 시접이 감싸지도록 바이어스의 시접을 안쪽으로 접어 넣어가며 시침핀으로 고정합니다. 끝을 공그르기해 완성합니다.

story 01

- 배냇저고리
- 손·발싸개
- 파일럿모자
- 밀키턱받이
- 주머니턱받이
- 플라워턱받이
- 양면조끼

엄마표 아가옷

Sewing diary #1

대한민국 1% 디자이너가 되기 위한 야심 프로젝트!

2007년, 패턴디자인 수업시간.

교수님께서 "우리는 대한민국의 카피없는 1% 디자인을 하는 사람이다." 라는 메시지와 함께 패턴디자인 수업이 시작되었다. 주제는 "skin"

그 당시 소띠 관련한 신제품을 준비하고 있었기에 소를 본격적으로 연구하기 시작했다.

매일매일 수백 마리의 소를 보고 꿈에서까지 끙끙 씨름을 했다.

이렇게 6개월간의 소들과의 사투 끝에 드디어 너무나 귀여운 소 패턴이 탄생했고,

그 이름을 'milky'로 지어서 신제품으로 출시했다. 노력한 결과만큼이나 반응은 뜨거웠고 그간의 힘들었던 모든 기억들이 녹아내렸다.

내 디자인에 당당할 수 있는 이 짜릿한 희열!

배냇저고리

아기가 태어나서 처음 입는 배냇저고리

어릴 적 입었던 배냇저고리를 간직하고 계신가요? 아기가 태어나서 처음으로 입는 옷이기 때문에 평생 간직하게 되는 옷이니만큼 엄마가 직접 만들어 준다면 그 의미가 더욱 크겠죠? 연약한 아기의 피부를 위해, 부럽고 작은 몸짓에도 편안함을 느낄 수 있도록 신축성 있는 원단을 사용해 주세요.

How to make

재료

· 사이즈 : 생후 1~2개월

몸판원단
(80cm×80cm)

바이어스 원단
(4cm×150cm)

면 끈
(0.9cm×132cm)

재단하기

몸판 도안을 그린 후 골선을 중심으로 대칭이 되도록 재단합니다.

 TIP. 원단고르기

4계절용 배냇저고리 원단은 40수 양면원단을 사용하고, 여름용은 30수 싱글 또는 거즈원단이 적당합니다.

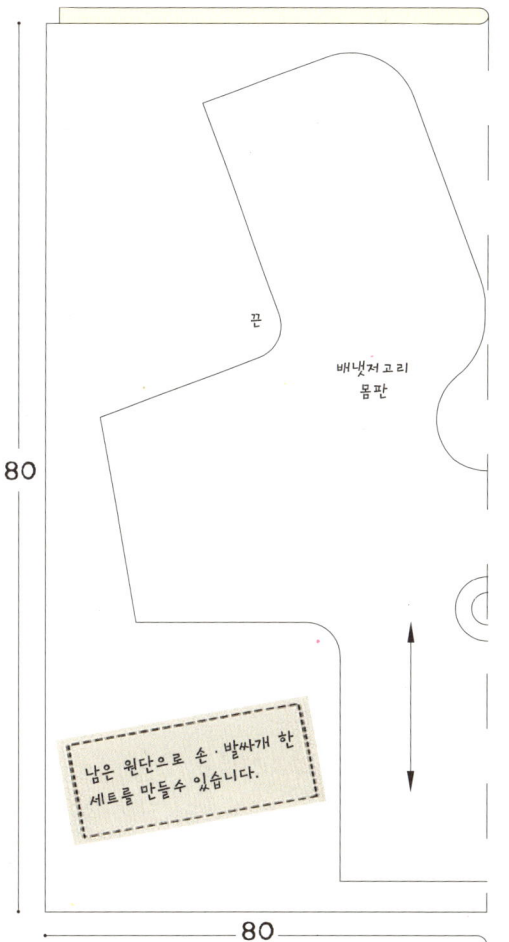

끈

배냇저고리
몸판

80

남은 원단으로 손 · 발싸개 한 세트를 만들수 있습니다.

80

Step 01 ; 소맷단 박기

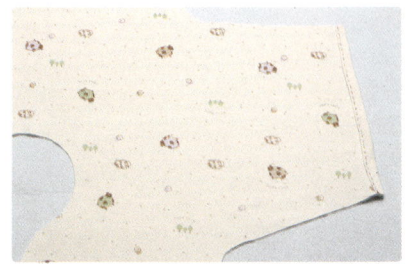

1 소맷단을 겉쪽으로 1cm씩 두 번 접은 후 다름질합니다.

2 시접 0.2cm 간격을 두고 홈질합니다. 시침핀으로 고정시킨 후 접힌 겉쪽을 홈질합니다.

3 반대편 소맷단 역시 동일한 방법으로 홈질해주세요.

Step 02 ; 옆선박기

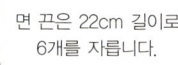

면 끈은 22cm 길이로 6개를 자릅니다.

가위집을 꼭 내주어야 뒤집었을 때 곡선 부분이 예쁘게 살아요. 이때 박은선이 잘 리지 않도록 너무 깊이 가위집을 내지 마세요.

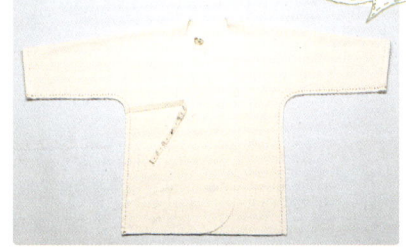
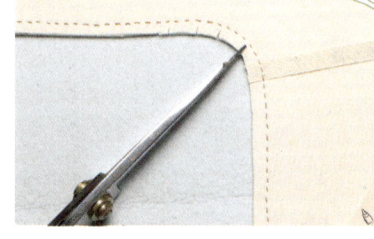

1 몸판의 안쪽 면이 위로 올라오도록 옷 모양대로 반을 접은 후, 면 끈 한 개를 왼쪽 겨드랑이 곡선 밑 부분에 고정시킵니다.

2 양 옆선을 0.5cm 시접을 두고 촘촘한 홈질 또는 박음질합니다. 겨드랑이 곡선 부분에는 가위집을 내준 후 뒤집어줍니다.

Step 03 ; 끈 달기 & 바이어스 감싸기

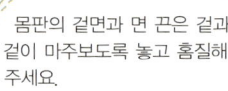

몸판의 겉면과 면 끈은 겉과 겉이 마주보도록 놓고 홈질해주세요.

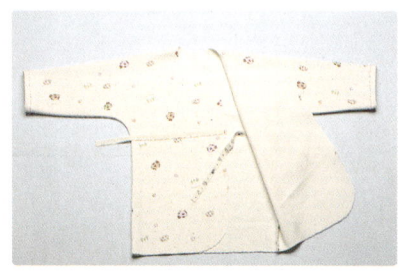
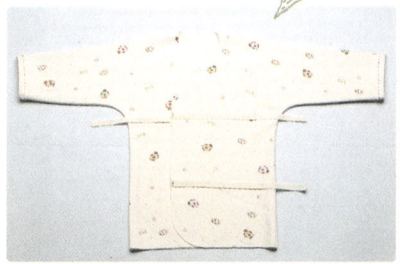

1 몸판의 겉면 끈위치에 면 끈 3개를 놓고 끝부분을 홈질로 고정합니다.

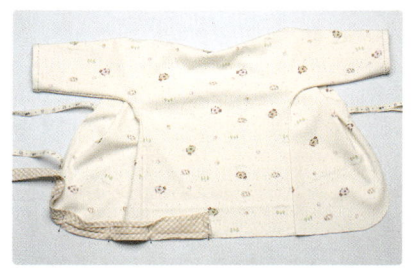 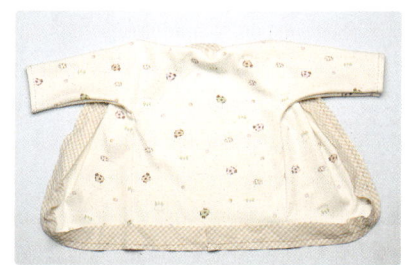

2 폭 4cm, 길이 150cm로 재단한 바이어스를 몸판의 등 쪽 밑단부터 시작해서 1cm 시접을 두고 전체를 박음질합니다.

3 박음질 시작 시 바이어스의 끝을 1cm 정도 접은 상태로 박음질해주세요.

4 바이어스 마무리는 시작할 때 접은 1cm가 포개지도록 덮어 박음질합니다. (남는 바이어스는 잘라냅니다)

5 곡선 부분은 시접에 가위집을 내줍니다.

6 박음질 후 바이어스를 반대쪽으로 넘긴 후 두 번 접어 핀으로 고정시킨 다음,

7 공그르기합니다.

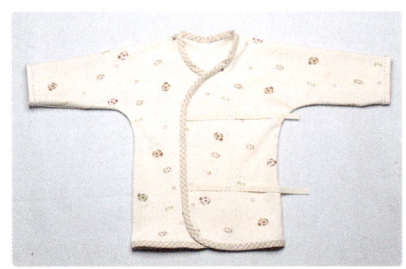

8 왼쪽 끈 면 달기 - 바이어스를 두른 후 끈 두 개를 왼쪽 앞판 끈 위치에 놓고 박음질 합니다.

9 끈을 바깥쪽이 보이도록 오른쪽으로 꺾어 왼쪽 끝에서 안쪽으로 1cm 들어간 부분에 다시 박음질합니다.

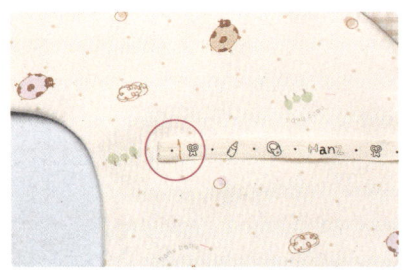
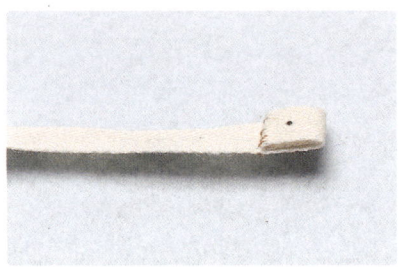

10 끈을 바깥쪽이 보이도록 오른쪽으로 꺾은 후, 왼쪽 끝에서 안쪽으로 1cm 들어간 부분에 다시 박음질합니다.

11 끈은 끝부분의 올이 잘 풀리므로 끝을 두 번 접은 후 감침질로 마무리 해주세요.

Step 04 ; 옆선 홈질하기

홈질을 해주어야 안쪽 시접을 감출 수 있어요.

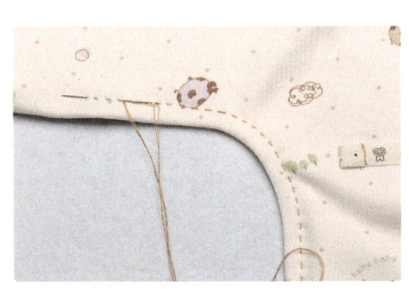

1 소매에서 옆면까지 시접 0.6cm로 갈색 장식실로 홈질하여 완성합니다.

손 · 발싸개

연약한 아기피부를 보호해주세요

신생아의 손톱과 발톱은 성인의 것과는 달리 얇고 날카로워요. 게다가 아기들은 반사적으로 손발을 휘젓기 때문에 잘못 관리하면 얼굴이나 다리에 상처가 나기 쉽답니다. 아기가 얼굴을 긁지 않도록 보호해주는 손싸개와 발싸개는 신생아에게 꼭 필요한 필수 아이템이에요. 부드러운 오가닉코튼 손·발싸개로 연약한 아기의 피부를 지켜주세요.

How to make

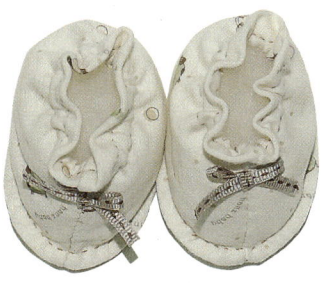

재료

· **사이즈** : 생후 1~2개월

원단
(30cm×30cm 2장)

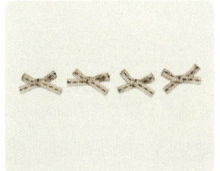 

리본(4개)   고무줄 (60cm)

재단하기

도안대로 재단합니다.

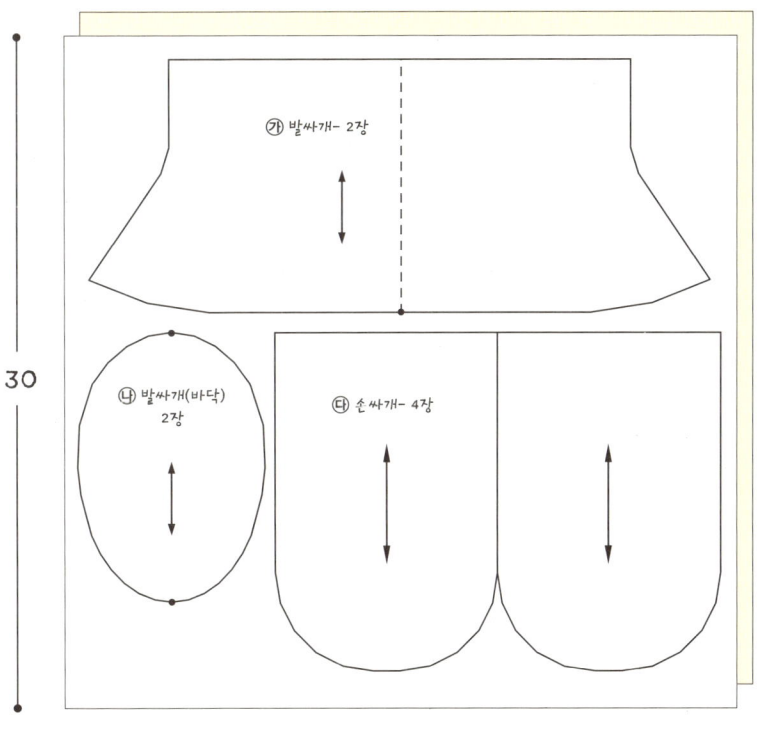

㉮ 발싸개 - 2장

㉯ 발싸개(바닥) 2장

㉰ 손싸개 - 4장

30

30

Step 01 ; 손싸개 만들기

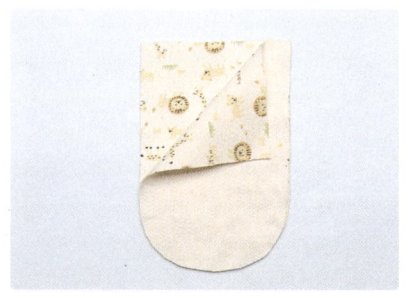

1 재단된 손싸개 원단 2장을 겉끼리 맞대고,

2 손목둘레를 제외하고 시접 0.5cm를 두고 촘촘한 홈질 또는 박음질합니다.

3 손목 입구 부분은 둘레선을 따라 감침질합니다.

4 손목 입구 부분을 2.5cm 접어 내립니다.

5 감침질한 부분에서 0.5cm 위로 올라와 가운데 창구멍 1cm를 남기고 홈질합니다.

6 홈질한 위치에서 1cm 위에 다시 한 번 홈질해주세요.

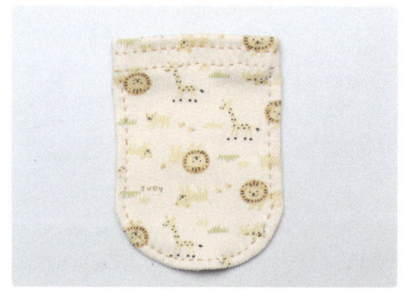

7 뒤집은 후 겉면에서 외곽둘레에 시접 0.6cm로 홈질하여 시접을 숨겨줍니다.

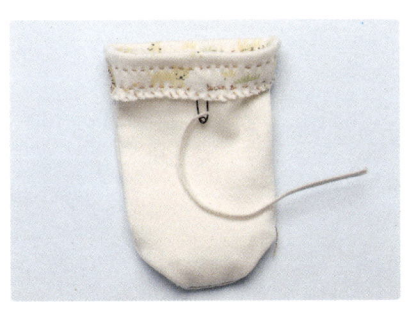

고무줄을 넣을 때 옷핀에 끼워 넣으면 쉽게 넣을 수 있어요.

8 약 12cm로 고무줄을 자른 후, 다시 뒤집어서 남겨놓은 창구멍을 통해 고무줄을 넣어주세요.

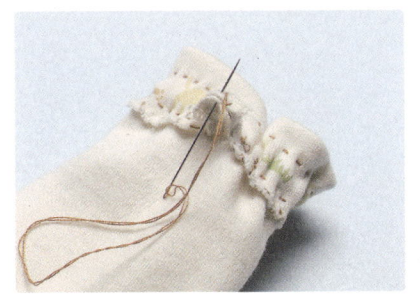

★ 손싸개 다른 한 짝도 동일한 방법으로 제작합니다.

9 고무줄의 양 끝부분은 사진처럼 동그랗게 말아 양 옆을 감침질해줍니다.

10 뒤집은 후 손목 부분에 리본을 예쁘게 달아주면 완성입니다.

Step 02 ; 발싸개 만들기

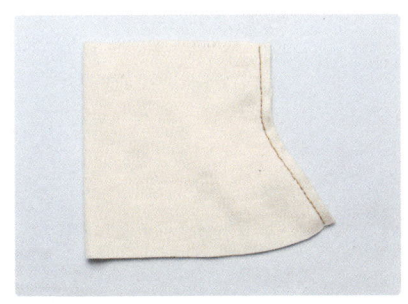

1 재단된 발싸개 원단 2장을 겉끼리 맞대고,

2 시접 0.5cm를 두고 옆면을 촘촘한 홈질 또는 박음질합니다.

3 발목 입구 부분은 둘레선을 따라 감침질하고,

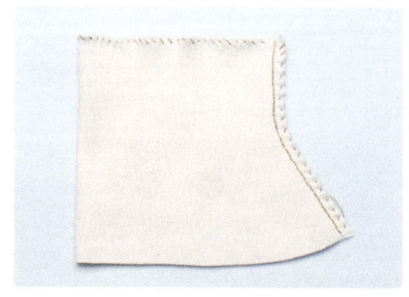
4 옆면의 시접 부분도 두 장을 한꺼번에 감침질합니다.

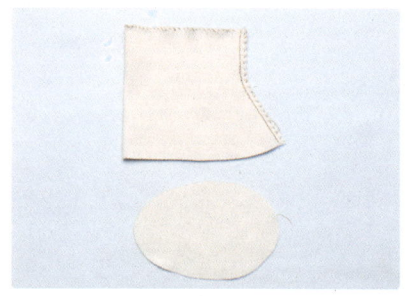
5 몸판을 동그랗게 벌려 재단해 놓은 바닥 부분과 연결해 시침핀으로 고정시킨 후,

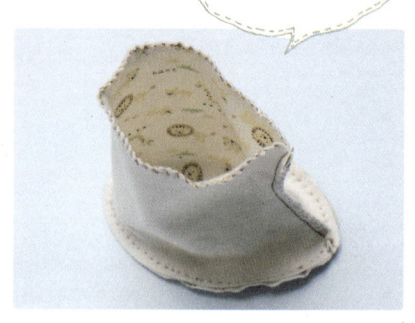

바닥은 넓은 부분이 앞, 좁은 부분이 뒤가 됩니다.

6 시접 0.5cm를 두고 홈질해 연결합니다.

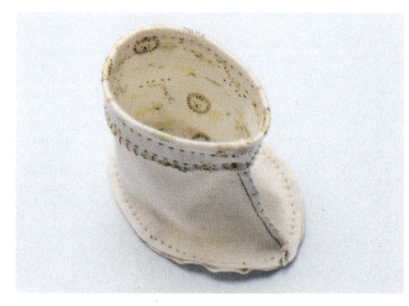
7 발목 입구 부분을 2.5cm 접어 내린 후, 감침질한 부분에서 0.5cm 위로 올라와 창구멍 1cm를 남기고 홈질합니다. 그리고 1cm 위에 다시 한 번 홈질합니다. (손싸개 만들기의 ④, ⑤, ⑥번과 동일한 방법입니다)

8 고무줄을 약 13cm 정도로 자른 후, 남겨놓은 창구멍을 통해 고무줄을 넣어줍니다. 고무줄의 양 끝부분은 동그랗게 말아 양 옆을 감침질 해주세요. (손싸개 만들기의 ⑧, ⑨번과 동일한 방법입니다.)

★ 다른 한 짝의 발싸개도 동일한 방법으로 제작합니다.

9 뒤집어서 발싸개 밑면을 시접 0.5cm를 두고 홈질하여 시접을 숨겨준 후, 리본을 달아주면 완성입니다.

✻ 손발싸개 만들기

〈손싸개 만들기〉

01

0.5cm 촘촘한 홈질

재단된 손싸개원단 2장을 겉끼리 맞대고 0.5cm 안으로 들어가 촘촘하게 홈질합니다.

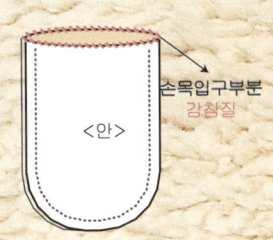

02 손목입구부분 감침질

손목 입구부분은 둘레선을 따라 감침질 ( ) 해줍니다.

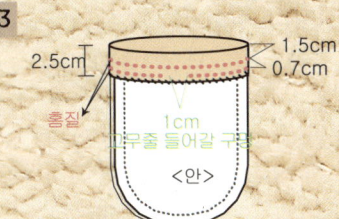

03 2.5cm / 1.5cm / 0.7cm / 홈질 / 1cm 고무줄 들어갈 구멍

그림과 같이 손목둘레를 2.5cm 접어 내린후 아래선의 앞부분 1cm(고무줄 들어갈 구멍)를 남기고 두줄로 나란히 홈질( ) 해주세요.

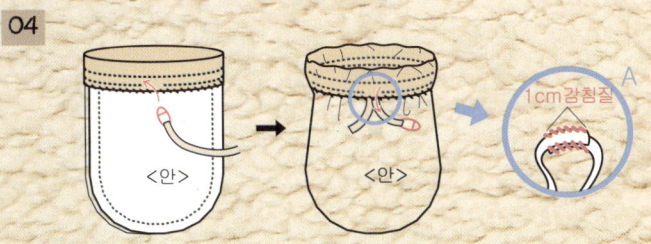

04 1cm 감침질 A

① 남겨놓은 구멍으로 옷핀을 이용하여 고무줄을 넣어 주세요. (고무줄 길이는 겹치는 시접포함 약 12cm)
② 고무줄을 다 넣은후 고무줄 끝 두개는 그림 A와 같이 양옆을 원통형으로 겹쳐서 감침질 해 줍니다.

05 0.6cm 홈질

뒤집은 후 겉에서 0.6cm 안으로 들어가 앞뒷판 두겹을 한꺼번에 홈질합니다. 그다음 예쁘게 리본을 달아주면 완성입니다. 다른 한쪽도 같은 방법으로 만들어주세요.

〈발싸개 만들기〉

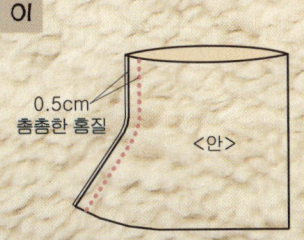

01 0.5cm 촘촘한 홈질

재단된 발싸개원단을 겉끼리 맞닿게 반을 접고 앞선은 0.5cm 안으로 들어가 촘촘하게 홈질 합니다.

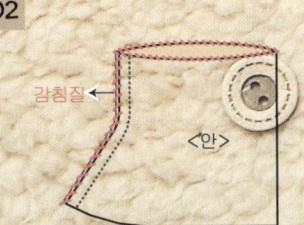

02 감침질

앞부분의 시접은 앞뒷판을 두겹을 한꺼번에 감침질 합니다. 발목 입구부분도 둘레선을 따라 감침질 해줍니다.

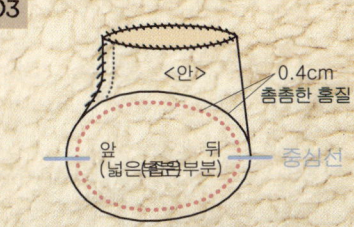

03 0.4cm 촘촘한 홈질 / 앞(넓은 부분) 뒤 / 중심선

옆면을 동그랗게 벌려 바닥을 옆면 밑부분에 시침핀으로 고정시킨후 0.4cm 안으로 들어가 촘촘하게 홈질합니다. 이때 앞뒤의 중심선과 옆판 이음선을 잘 맞추어 주세요.

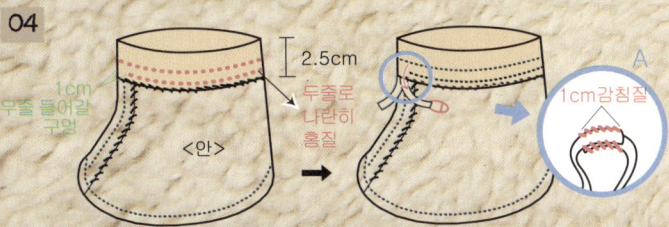

04 1cm 고무줄 들어갈 구멍 / 2.5cm / 두줄로 나란히 홈질 / 1cm 감침질 A

① 발목 둘레를 2.5cm 접어 내린후 아래선의 앞부분 1cm(고무줄 구멍)를 남기고 두줄로 홈질해주세요.
② 남겨놓은 구멍으로 옷핀을 이용하여 고무줄을 넣어 주세요. (고무줄 길이는 겹치는 시접포함 약 13cm) 고무줄을 다 넣은후 고무줄 끝 두개는 그림 A와 같이 양옆을 원통형으로 겹쳐서 감침질 해 줍니다.

05 0.5cm 홈질

뒤집은 후 밑면에서 0.5cm 안으로 들어와 앞뒷판을 한꺼번에 홈질합니다. 그다음 예쁘게 리본을 달아주면 완성입니다. 다른 한쪽도 같은 방법으로 제작하세요.

파일럿 모자

자~ 비행준비 되셨나요?

아기의 머리를 보호하고 귀를 덮어주는 파일럿 모자예요. 일반 귀돌이 모자보다 스타일리시하여 아기사진 전문 스튜디오에서도 하나씩은 구비하고 있는 깜찍한 아이템이랍니다. 편안함을 느낄 수 있도록 부드럽고 신축성 있는 원단으로 만들어주세요. 우리 아이가 금세 멋쟁이 파일럿으로 변신한답니다.

How to make

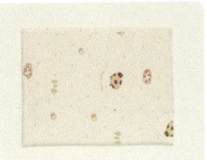

재 료
- 사이즈 : 생후 12개월(머리둘레 46cm)

몸판원단
(40cm×30cm)

바이어스원단
(4cm×120cm)

재단하기

도안을 대고 그린 후 재단합니다.

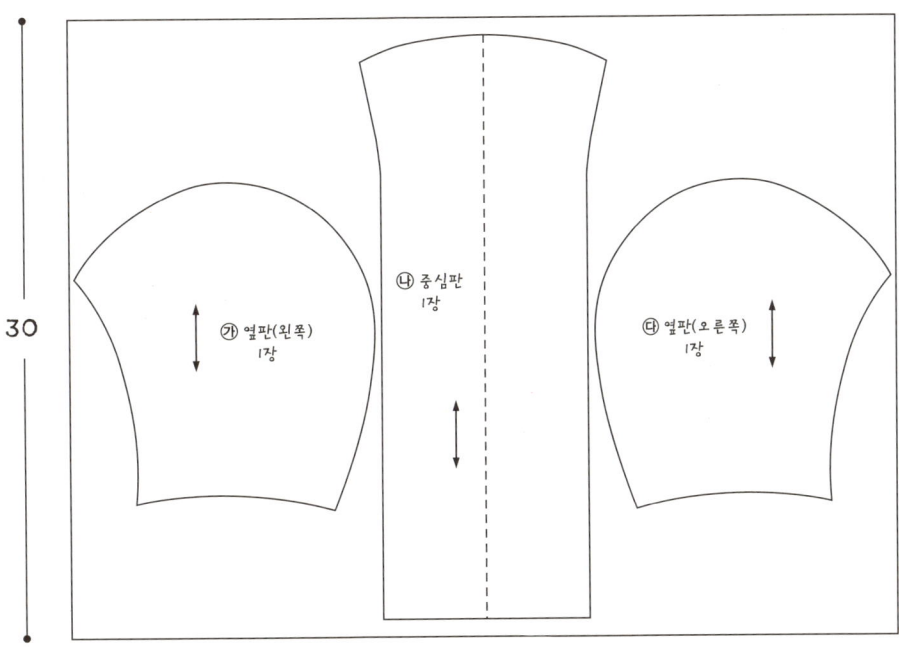

31

Step 01 ; 옆면 연결하기

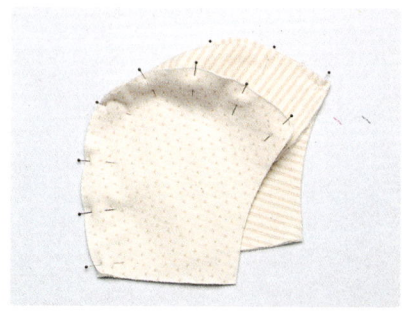

1 중심판의 양 옆선에 옆판의 곡선을 안끼리 맞대고 핀으로 고정시켜줍니다.

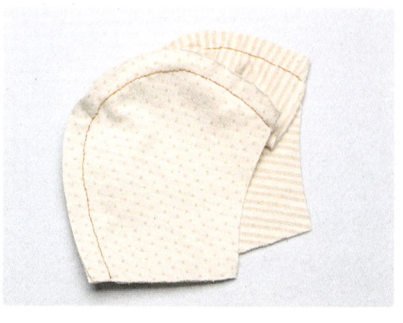

2 시접 1.5cm를 두고 양쪽 모두 박음질해 연결합니다.

> 박은선이 겉에서 보이기 때문에 원단과 같은 색실을 사용하며, 바느질 선이 예쁘게 보이도록 옆판 겉쪽을 보고 박음질 해주세요.

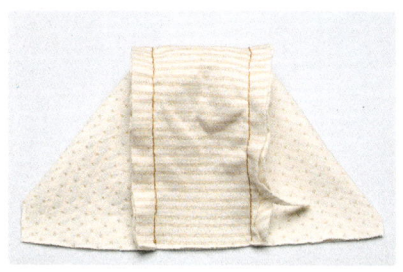
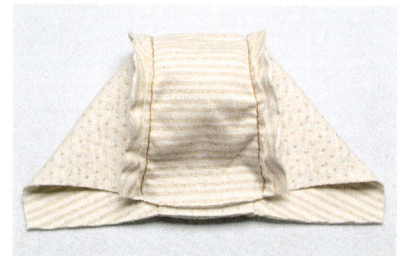

3 중심판 원단의 시접을 0.5cm만 남기고 잘라줍니다.

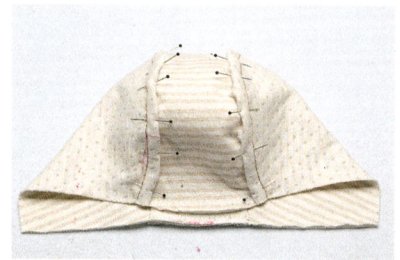

4 옆판 시접을 반을 접고, 접은 반을 중심판 쪽으로 한 번 더 접은 후 핀으로 고정시킵니다.

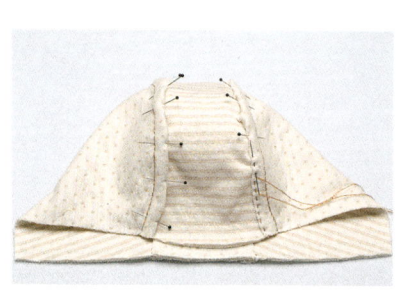

> 완성 후 겉쪽에서 포인트가 되는 홈질이므로 바늘땀 간격을 일정하게 해주세요!

5 갈색실로 접힌 끝부분과 중심판을 촘촘하게 홈질합니다.

Step 02 ; 바이어스 감싸기 & 끈 만들기

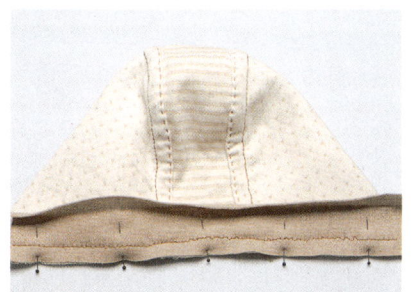
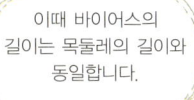

이때 바이어스의 길이는 목둘레의 길이와 동일합니다.

1 목둘레에 바이어스를 겉끼리 마주보게 놓고, 시접 1cm를 두고 박음질합니다.

2 박음질 후 바이어스를 반대쪽으로 넘긴 후 두 번 접어 박음질합니다.

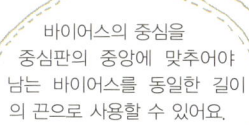

바이어스의 중심을 중심판의 중앙에 맞추어야 남는 바이어스를 동일한 길이의 끈으로 사용할 수 있어요.

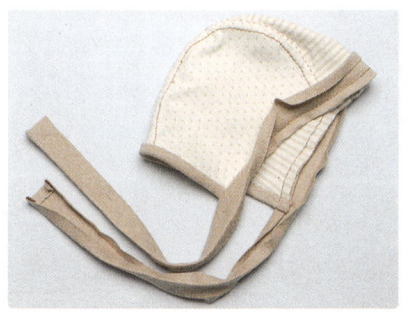

3 앞(이마)부분에도 바이어스를 겉끼리 마주보게 놓고, 시접 1cm를 두고 박음질합니다.

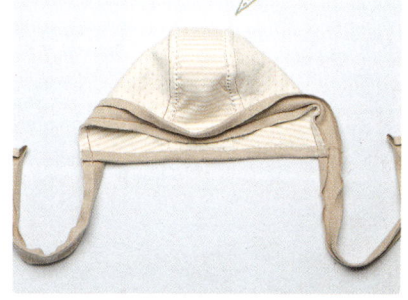

4 박음질 후 바이어스를 반대쪽으로 넘긴 후 두 번 접어 박음질합니다.

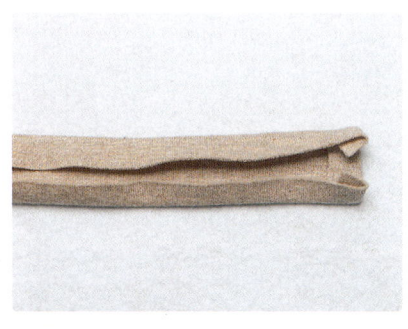

5 바이어스 처리 후 남은 끈의 양 끝 부분은 1cm 정도를 접고,

6 끈을 1cm 폭으로 두 번 접어 감침질 하면

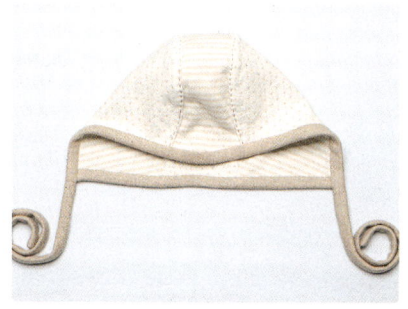

7 우리 아기의 멋진 파일럿 모자가 완성됩니다.

밀키 턱받이

유치가 나는 시기부터 이유식 말기까지…

유치가 나기 시작하면 침을 흘리고, 이유식 시기가 되면 음식물을 많이 흘리게 됩니다. 턱받이는 아기가 먹는 훈련을 할 때 꼭 필요한 용품이에요.
소 띠에 태어난 아이를 위한 밀키 턱받이는 아기가 착용하면 정말 앙증맞아요.
겉면은 타월로, 안쪽 면은 저지(메리야스식으로 짠 부드러운 직물)면의 부드러운 원단을 사용했습니다.

How to make

재료
· 사이즈 : 12개월

겉감 타월원단 (30cm×25cm)

안감 스트라이프원단 (30cm×25cm)

체크원단 (25cm×15cm)

귀 브라운 타월원단 (10cm×5cm)

펠트원단 살색 조금

똑딱이

펠트원단 브라운색 조금

재단하기

도안대로 그린 후 몸판과 귀, 입 주위 원단은 시접 0.5cm를 더하여 재단하고, 뿔, 볼연지는 도안대로 재단합니다.

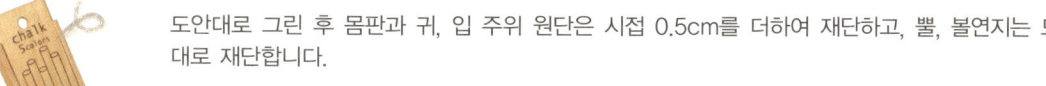

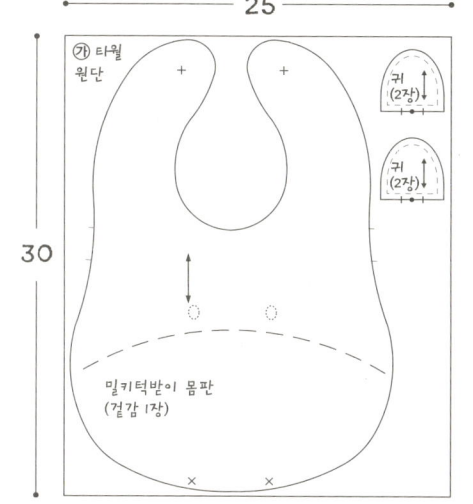

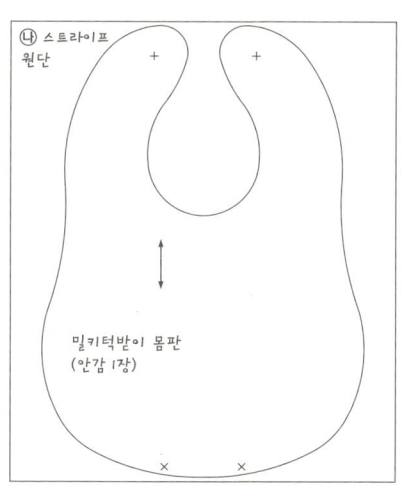

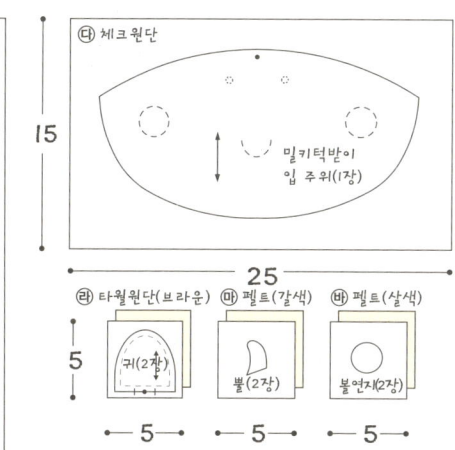

Step 01 ; 앞면 만들기

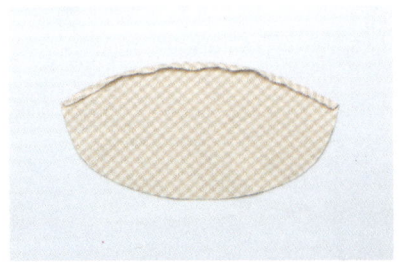 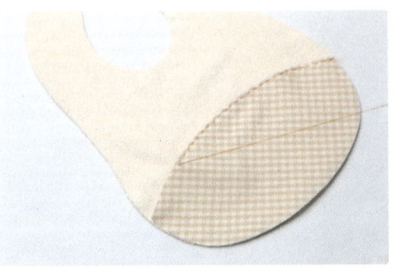

1 재단된 입 주위 체크원단의 윗면을 0.5cm 뒤쪽으로 접어 다림질합니다.

2 입 주위 체크원단을 몸판의 겉면에 놓고 상단 부분을 홈질합니다.

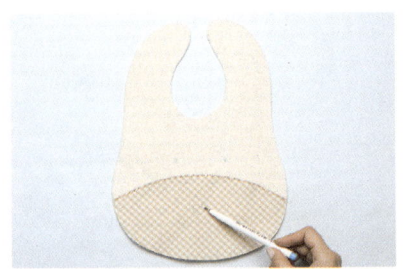 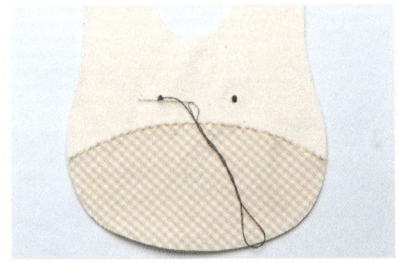 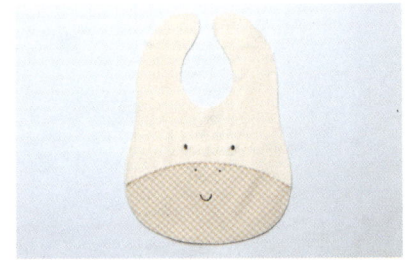

3 몸판에 눈, 코, 입을 수성 펜으로 그린 후, 밤색 수실을 사용하여 눈과 코는 새틴 스티치로, 입은 아웃라인 스티치로 수놓아줍니다.

 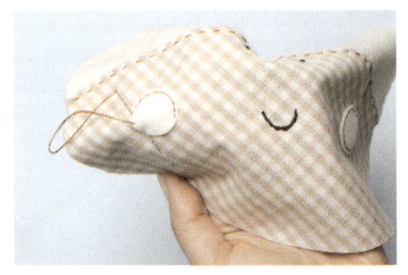

4 볼 연지 살색 펠트는 양쪽 볼에 박음질로 연결해줍니다.

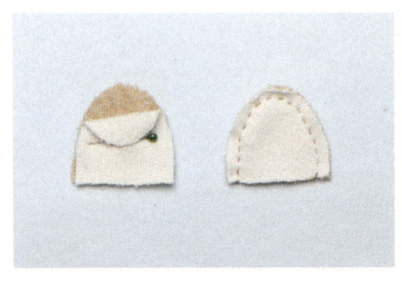 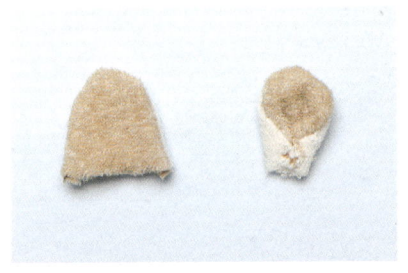

5 귀 펠트원단 살색과 브라운색을 겉면끼리 맞대고, 밑선을 제외한 나머지 부분을 완성선을 따라 박음질한 후 뒤집어줍니다.

6 가운데 중심으로 말아서 주름이 고정되도록 밑선을 홈질해 고정시켜줍니다.

Step 02 ; 연결하기

 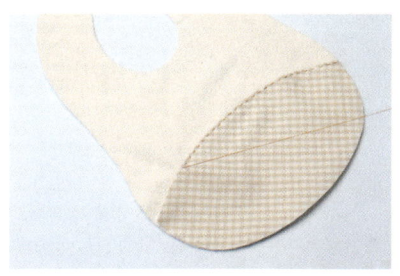

1 완성된 몸판 위에 재단해 놓은 뿔과 만들어 놓은 귀의 뒷면이 보이도록 올려놓습니다.

2 안감을 몸판과 겉끼리 마주보게 올려 놓은 후,

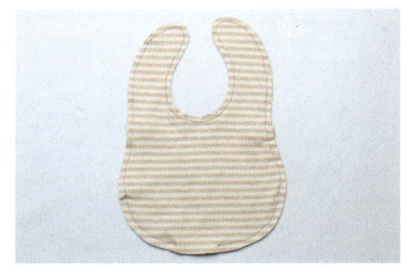 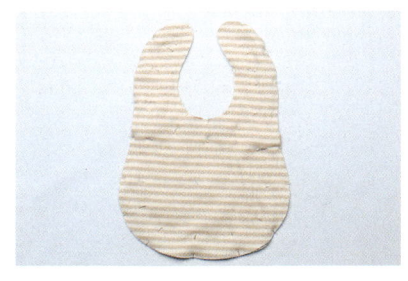 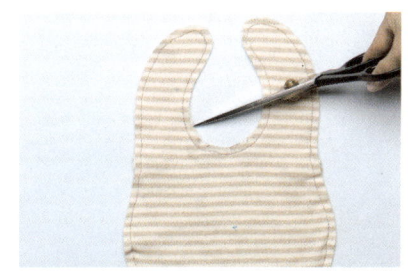

3 시침핀으로 가장자리를 고정시켜주세요.

4 창구멍을 제외한 가장자리를 시접 0.5cm를 두고 박음질합니다.

5 목둘레가 울지 않도록 곡선 부분에 가위집을 내주세요.

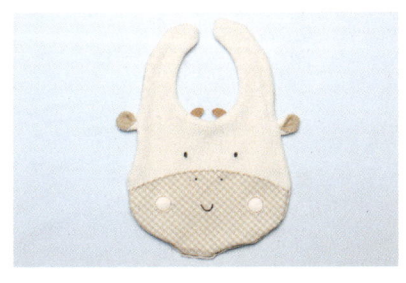 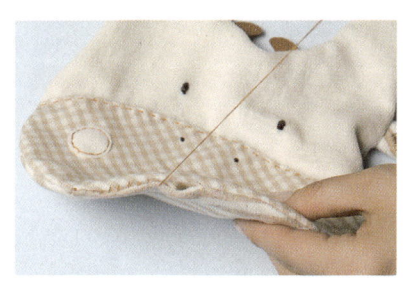

6 뒤집은 후, 창구멍을 공그르기로 막아줍니다.

7 여밈 부분에 똑딱이 단추를 달아줍니다.

주머니턱받이

포인트 주머니턱받이 ~

오가닉코튼이 너무 베이직 하다면 꽃무늬 원단으로 주머니를 달아주거나 테두리를 둘러주어 포인트를 주세요.
베이직한 오가닉코튼도 살짝 포인트를 준다면 얼마든지 화려하게 변신할 수 있답니다.
꽃무늬 체크 땡땡이원단 모두 오가닉코튼을 더욱 돋보이게 할 수 있는 아이템이랍니다.

How to make

재료

· 사이즈 : 12개월

주머니원단
(10cm×10cm)

몸판원단
(25cm×25cm 2장)

바이어스원단
(4cm×150cm)

TIP. 앞면과 뒷면을 다른 소재로 만들어주면 실용적으로 사용할 수 있습니다.

재단하기

도안대로 그린 후 재단합니다.

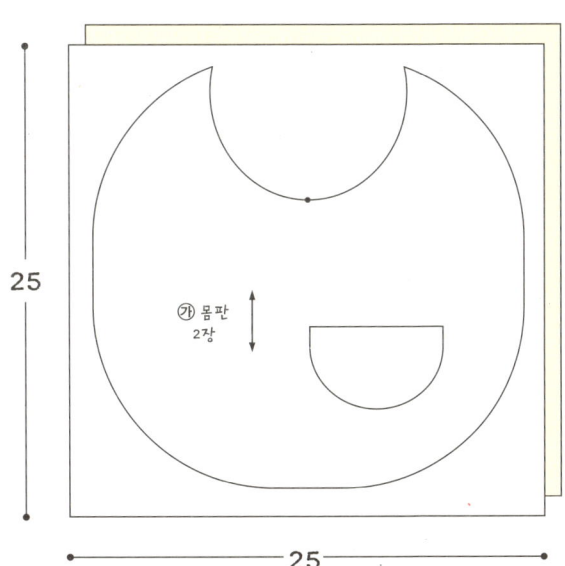

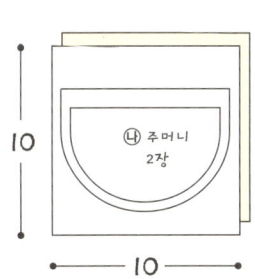

Step 01 ; 턱받이 만들기

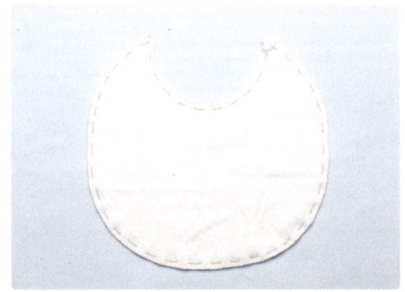

1 몸판 타월 원단 두 장을 겉끼리 맞대고 시접 2cm를 두고 시침질합니다.

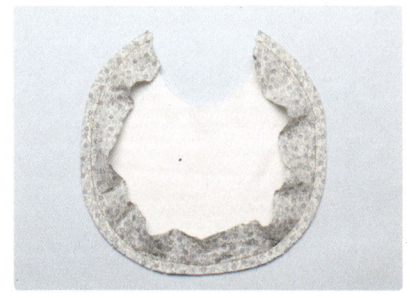

2 목둘레를 제외한 나머지 부분에 시접 1cm를 두고 꽃무늬 바이어스를 둘러 박음질합니다.

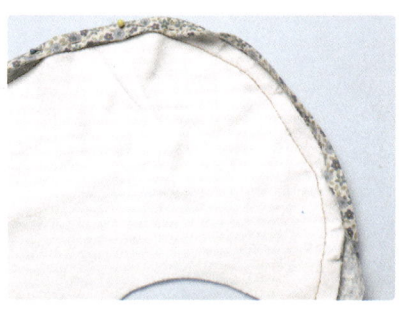

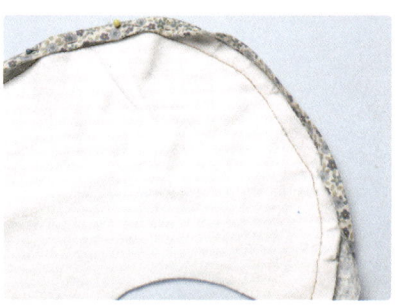

3 박음질 후 시침질한 실을 빼주고, 바이어스를 반대쪽으로 넘겨 두 번 접어 박음질합니다.

Step 02 ; 끈 만들기

1 목둘레도 시접 1cm를 두고 꽃무늬 바이어스를 둘러 박음질한 후,

2 목둘레에 가위집을 내주고, 바이어스를 반대쪽으로 넘겨 두 번 접어 박음질합니다.

> 바이어스의 중심을 목둘레의 중앙에 맞추고 남는 바이어스를 동일한 길이의 끈으로 사용할 수 있어요.

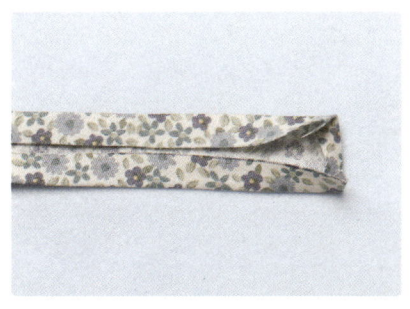

3 바이어스 처리 후 남은 끈의 양 끝 부분은 1cm 정도를 접은 후,

4 끈을 1cm 폭으로 두 번 접어 감침질 해주면 끈이 완성됩니다.

Step 03 ; 주머니 만들기

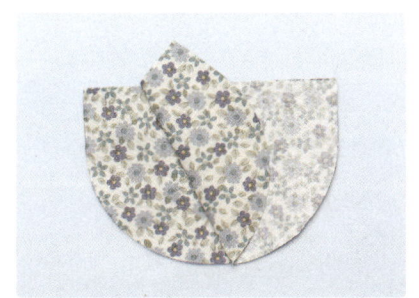

1 주머니 원단 두 장을 겉끼리 맞대고,

2 창구멍을 남겨놓고 시접 0.5cm로 홈질한 후 둘레에 가위집을 내줍니다.

3 창구멍으로 뒤집은 후 공그르기해 창구멍을 막아줍니다.

4 만들어 놓은 주머니를 몸판의 적당한 위치에 공그르기로 달아주면 완성됩니다.

플라워 턱받이

**아기 얼굴을
더욱 사랑스럽게~**

더욱 돋보이게 만들어주는 예쁜 꽃 모양의 턱받이입니다.
아기가 갑자기 식욕을 잃었을때 턱받이나 식기를 바꿔주면 신기하게도 먹는 것에 흥미를 느끼곤 한답니다.
그래서 턱받이도 여러가지 모양으로 준비하여 기분전환을 시켜주는 것이 좋아요.

How to make

재료
- **사이즈** : 12개월

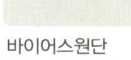

몸판 타월원단
(25cm×25cm 2장)

바이어스원단
(4cm×90cm)

재단하기

도안을 대고 목 부분을 제외한 나머지 부분에 시접 0.5cm를 더하여 재단합니다.

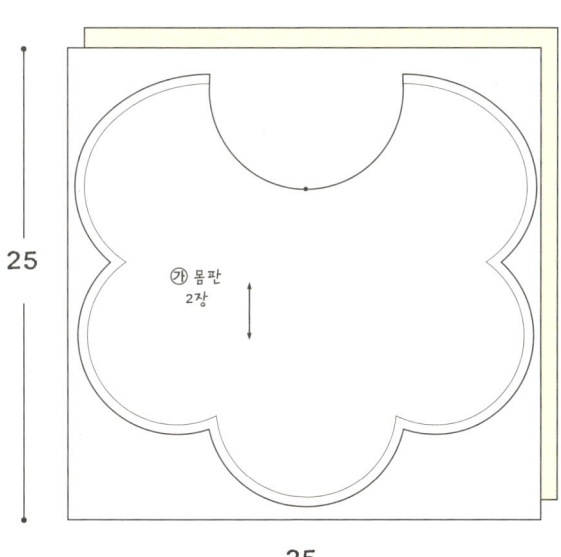

25

㉮ 몸판
2장

25

Step 01 ; 턱받이 만들기

> 가위집이 너무 깊으면 박음선이 잘릴 위험이 있고, 너무 앝으면 뒤집었을 때 천이 울 수 있으므로 적당히 내 주세요.

1 몸판 원단 두 장을 겉끼리 맞대고,

2 두 장이 흔들리지 않도록 시침핀으로 고정시킨 뒤, 시접 0.5cm를 두고 박음질합니다.

3 오목하게 꺾인 부분에 가위집을 내 주고 뒤집습니다.

Step 02 ; 끈 만들기

> 바이어스의 중심을 목둘레 중심에 맞추어야 나머지 좌우 끈을 동일한 길이로 사용할 수 있어요.

1 목둘레도 시접 1cm를 두고 바이어스를 둘러 박음질한 후,

2 목둘레에 가위집을 내줍니다.

3 목둘레에 바이어스 두번 접어 시접을 감싸줍니다.

4 바이어스 처리 후 남은 끈의 가장자리 끝 부분은 1cm씩 접은 후,

5 끈을 1cm씩 두 번 접어 감침질하면 끈이 완성됩니다.

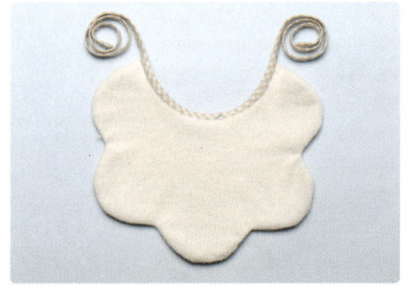

6 남은 끈을 1cm씩 두 번 접어 감침질 하면 끈이 완성됩니다.

도안 재단하기

책에 첨부된

실물본을 잘라 사용하지 말고,

새로운 종이에 대고 그린 후

사용하세요.

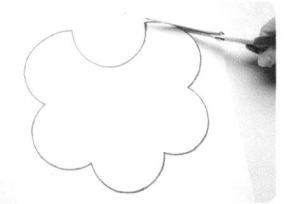

❶ 도안을 가위로 자릅니다.

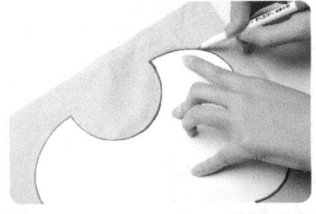

❷ 천에 도안을 대고 수성펜을 이용하여 도안대로 그립니다.

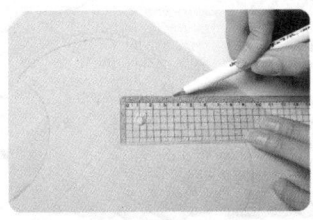

❸ 그려진 도안에 자로 5mm를 재어 시접을 그립니다.

❹~❺ 시접부분을 가위로 자릅니다.

양면 조끼

사계절 필수 아이템, 조끼!

조끼는 신생아부터 어느 정도 자란 어린아이까지 입히기 편하고 관리하기 좋아 인기있는 아이템 중 하나입니다. 아기가 활동하기 편하도록 신축성 있는 소재를 선택하고, 양면으로 입힐 수 있도록 실용적으로 만들어보세요! 참고로 신생아용 조끼는 가슴부분에 여유를 많이 주는 것이 좋답니다.

How to make

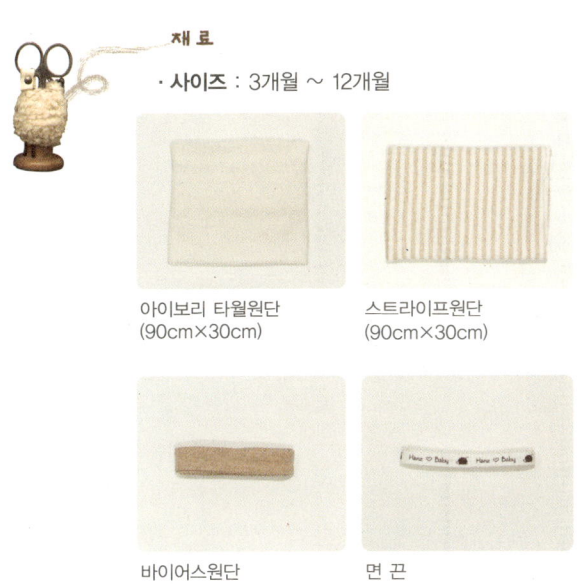

재료
· 사이즈 : 3개월 ~ 12개월

아이보리 타월원단 (90cm×30cm)

스트라이프원단 (90cm×30cm)

바이어스원단 (4cm×3M)

면 끈 (1cm×1M)

재단하기

도안을 대고 그린 후, 어깨 부분만 시접을 1.5cm를 더하여 재단합니다.

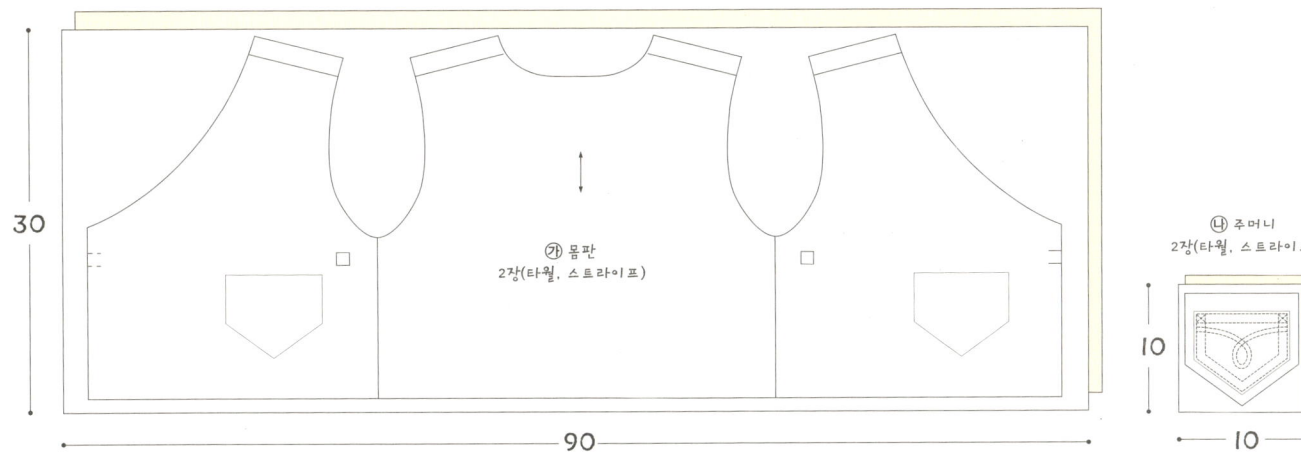

Step 01 ; 주머니 만들기

1 주머니원단의 입구 부분을 안쪽으로 0.5cm씩 두 번 접어 끝박음질합니다.

2 나머지 둘레도 안쪽으로 0.5cm를 접어 다림질해 모양을 만들어줍니다.

 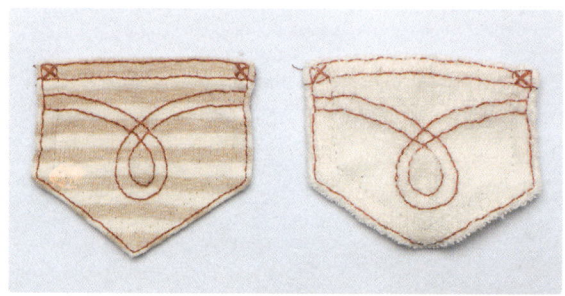

3 원단에 도안대로 초크로 표시하고, 표시한 선에 맞춰 박음질합니다. (주머니는 두 개를 만들어주세요)

Step 02 ; 주머니 달기

 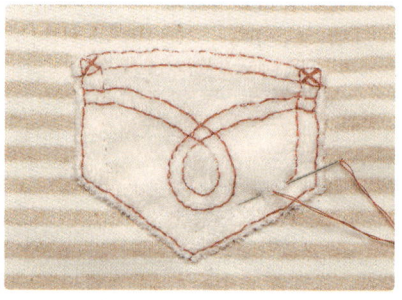

1 완성된 주머니를 몸판 타월원단과 스트라이프원단에 공그르기로 달아주고,

2 주머니의 0.5cm 안쪽으로 한 번 더 박음질합니다.

타월원단에는 스트라이프 주머니를, 스트라이프원단에는 타월 주머니를 달아주세요!

Step 02 ; 몸판 만들기

시접은 가름솔 해주세요.

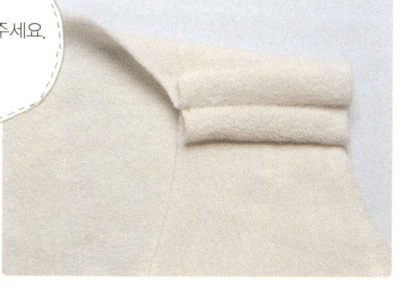

1 몸판 타월원단과 스트라이프원단을 조끼 모양대로 접은 후, 어깨선을 시접 1.5cm를 두고 박음질합니다.

2 몸판 타월원단과 스트라이프원단을 안쪽끼리 맞댄 후, 테두리를 시침질해 고정시킵니다.

Step 04 ; 끈 달기 & 바이어스 감싸기

1. 끈은 22cm로 4개를 자른 뒤, 2개의 끈을 사진과 같이 몸판에 놓고 박음질해 고정시킵니다.

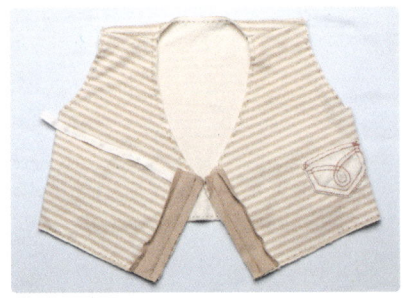

2. 끈을 박음질한 옆선에 시접 1cm를 두고 바이어스를 박음질합니다.

3. 박음질 후 바이어스를 반대쪽으로 넘겨 두 번 접어 박음질합니다.

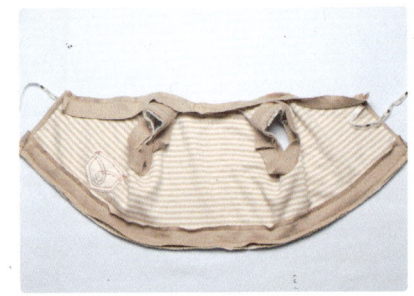
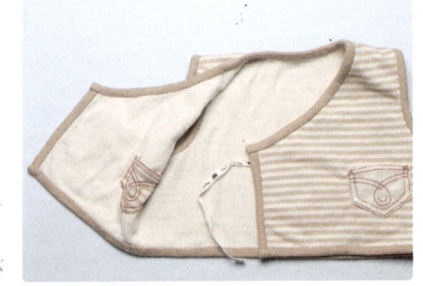

4. 위와 동일한 방법으로 옆선-목둘레-밑단-소매 순서로 시접 1cm를 두고 바이어스를 둘러줍니다.

5. 몸판의 왼쪽 부분에 끈을 사진과 같이 놓고 박음질해 고정시킨 후,

6. 시접이 보이지 않도록 반대쪽으로 넘겨 다시 박음질합니다.

양면조끼

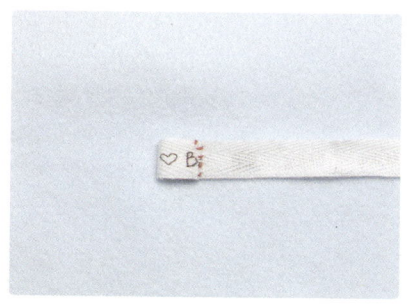
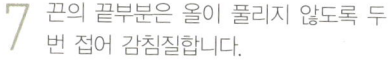

7 끈의 끝부분은 올이 풀리지 않도록 두 번 접어 감침질합니다.

8 예쁘게 끈을 묶어주면 활용성 높은 양면 조끼가 완성됩니다.

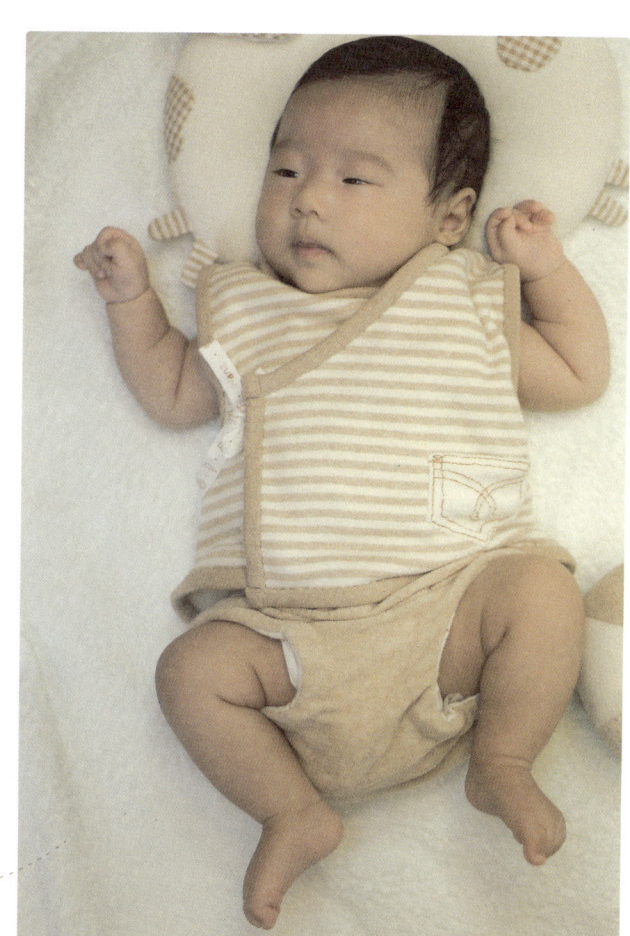

baby

story 02

- 마스크
- 어그부츠
- 프린세스보넷
- 리본슈즈
- 보행기슈즈
- 바스가운
- 보타이

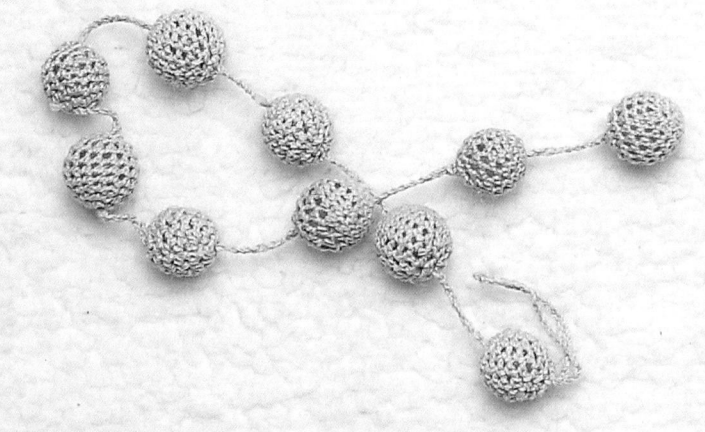

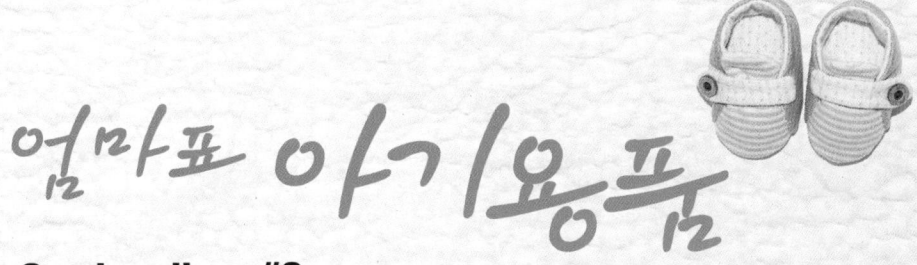

엄마표 아기용품

Sewing diary #2

My favorites

"지구를 지키는 착한 아기용품"

오가닉코튼 마니아가 된지 어느새 5년차

오가닉코튼을 만나면서 착한 디자이너가 되자 마음먹었다.

우리는 지구를 단지 빌려쓰는 것일뿐

후손에게 잘 쓰고 물려줘야 할 책임과 의무가 있다 !

매일매일 한가지씩이라도 환경을 생각하는 작은 습관을 만들려고 노력해본다.

나의 작은 실천이 작게는 내 주변 사람들을 변화시키고 나아가서는

세상을 바꿔 온 지구가 초록색 나무들로 가득한 날이 오기를 기대해보며..

오늘도 꾸밈없이 솔직 담백하고..

단아한 아름다움을 지닌 오가닉 코튼의 매력으로 푹 빠져든다.

마스크

황사걱정 끝~ 감기걱정 끝~

바람이 부는 날에도, 황사가 있는 날에도 밖에 나가자고 조르는 아이를 위한 외출준비 아이템입니다.

"안 돼!"라는 말로 외출을 조르는 아이의 기를 꺾기보다는 완벽한 외출준비로 호기심을 충족시키고 긍정적인 아이로 키울 수 있는 현명한 엄마가 되세요.

호흡기에 직접 닿는 용품이니만큼 오가닉 코튼으로 엄마가 직접 만들어주면 안심하고 사용할 수 있겠죠?

How to make

재료

- **사이즈** : 아기용(5~6세까지)
  어린이용(7세이상)
  어른용

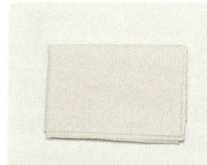

몸판 양면원단
· 아기
(15cm×15cm 2장)
· 어린이
(15cm×15cm 2장)
· 어른
(20cm×15cm 2장)

바이어스용 싱글원단
· 아기
(끈 : 2.8cm×35cm 2장,
옆선 :2.8cm×10cm 2장)
· 어린이
(끈 : 2.8cm×40cm 2장,
옆선 :2.8cm ×11cm 2장)
· 어른
(끈 : 2.8cm×46cm 2장,
옆선 :2.8cm×12cm 2장)

TIP. 끈은 스트라이프 원단, 옆선은 무지원단

재단하기

만들기 원하는 사이즈의 도안을 대고 그린 후 재단합니다.

사이즈를 조금 키워 어린이용, 어른용 마스크도 만들어 보세요.

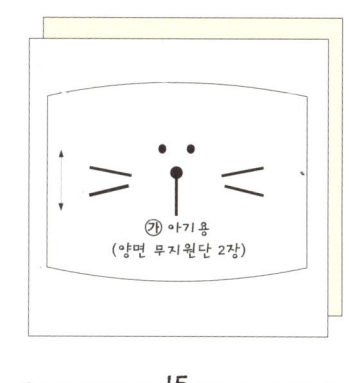

㉮ 아기용
(양면 무지원단 2장)
15 × 15

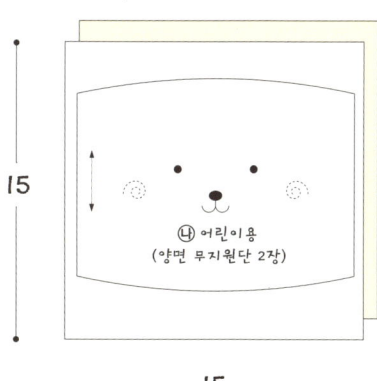

㉯ 어린이용
(양면 무지원단 2장)
15 × 15

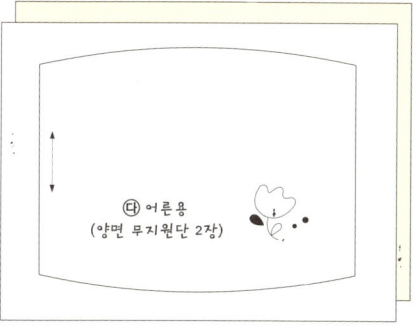

㉰ 어른용
(양면 무지원단 2장)
15 × 20

Step 01 ; 도안 그리기 & 수놓기

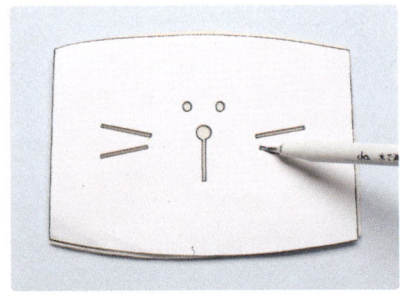
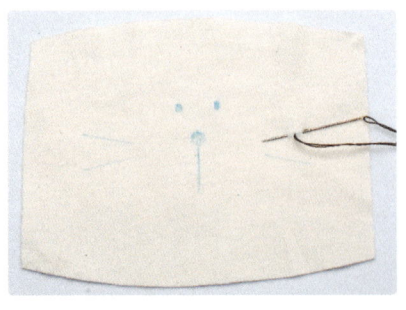

실은 갈색 수실을 이용하고, 도안 대신 아기 이니셜을 수놓아도 좋아요.

1 몸판 위에 원하는 도안을 그린 후,

2 스티치 방법대로 수놓아줍니다. 눈, 코는 새틴스티치로 수염은 박음질로 수놓아줍니다.

Step 02 ; 옆선 바이어스 두르기

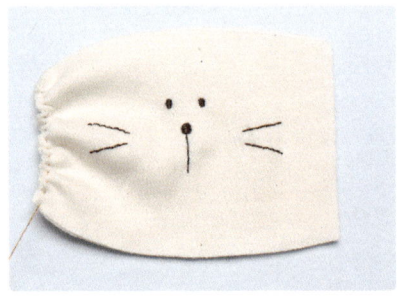

1~2cm 정도 줄어들도록 잡아당기고, 양쪽 길이를 맞춰야 예뻐요.

1 몸판 원단 두 장을 안끼리 맞댄 후,

2 양 옆면을 시접 0.5cm로 시접을 두고 홈질한 후 홈질한 실을 살짝 잡아당겨 주름을 만듭니다.

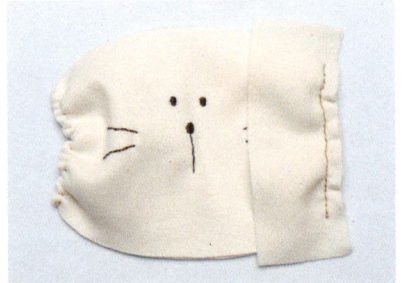
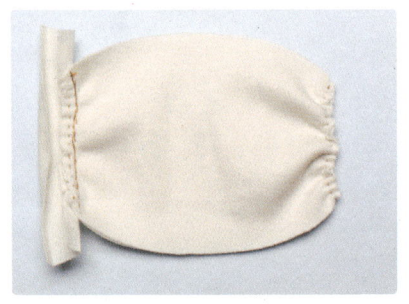
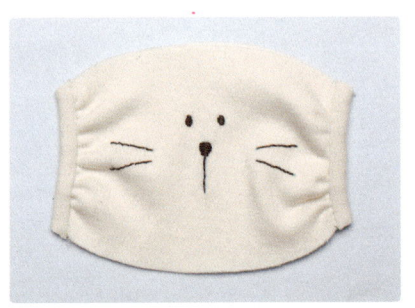

3 재단해 놓은 10cm 바이어스를 몸판의 양 옆면에 올려놓고 박음질한 후

4 바이어스를 반대쪽으로 넘겨 두 번 접어 공그르기합니다. 남은 바이어스는 몸판의 길이에 맞도록 잘라냅니다.

5 반대편 같은 방법으로 바이어스를 둘러줍니다.

마스크

Step 03 ; 위아래 바이어스 두르기

> 바이어스의 중심을 몸판의 중심에 맞춰주세요. 남은 부분은 끈으로 사용됩니다.

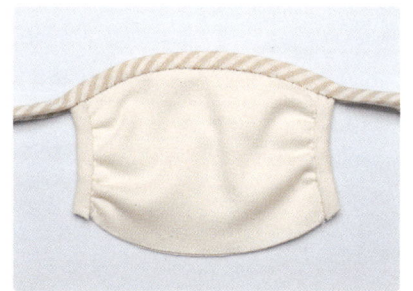

1. 재단해 놓은 끈 바이어스를 몸판의 위아래에 올려놓은 후, 바이어스를 둘러줍니다.

> 이때 끈의 양 끝부분을 1cm 정도로 접은 상태에서 감침질 해주세요.

2. 양쪽으로 남겨진 바이어스는 0.7cm 폭으로 두 번 접은 후

3. 감침질해 끈으로 만들어줍니다.

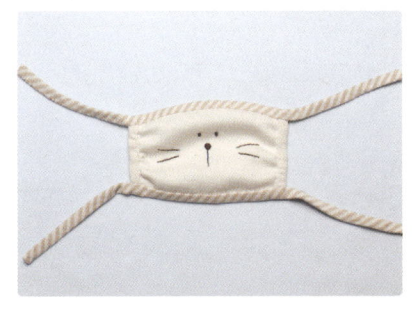
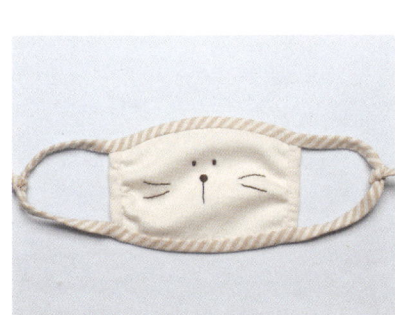

4. 아이의 얼굴에 맞게 양쪽 끈을 묶어 주세요.

우리아기의 따뜻한 겨울나기

추운 겨울, 외출시 아기의 발을 따뜻하게 감싸주는 어그부츠입니다. 가볍고 부드러운 소재를 사용하고, 신고 벗기 편하도록 발목 부분에 벨크로 테이프를 달아주세요. 얇은 양말 위에 신기고, 착용시 발목 부분을 접어 연출하면 한층 더 멋스럽답니다. 앙증맞은 모양과 사이즈로 선물용이나 장식용으로도 인기 만점인 아이템이에요.

어그부츠

How to make

재료

- **사이즈** : 6개월(발길이 11cm)

털이 접착된 원단
(50cm×25cm)

벨크로 테이프(2장)

고무라벨

- 털이 있는 유기농 원단은 일반 시중에서 구하기 힘듭니다.
- 대체 원단은 동대문 종합상가 A동 3층에서 구입할 수 있습니다.

재단하기

도안대로 그린 후 재단합니다.

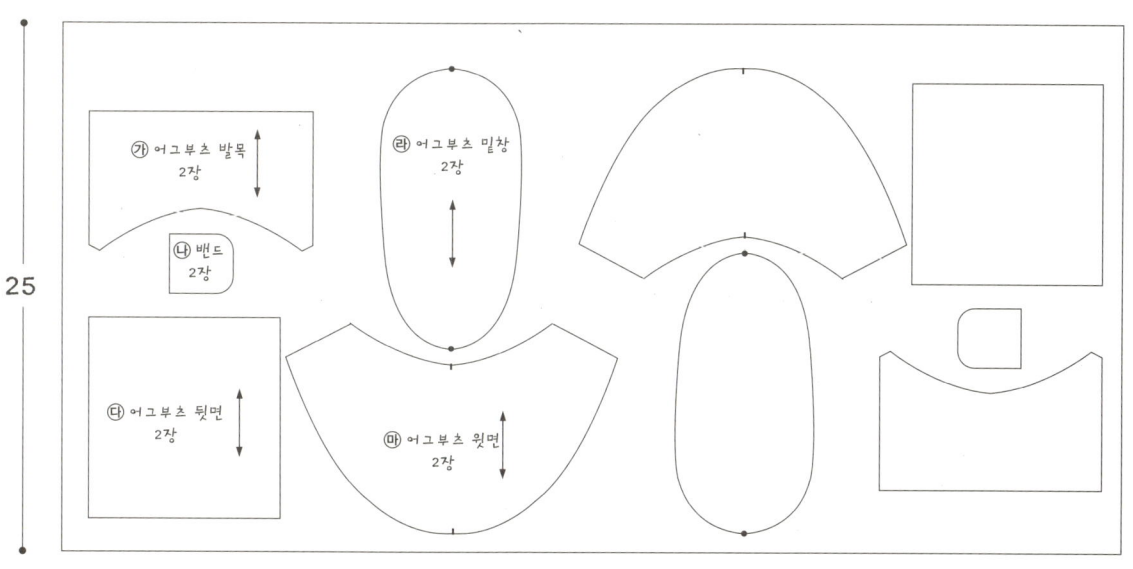

59

Step 01 ; 연결하기

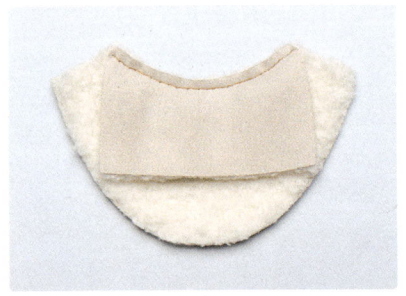

1 발등과 발목 원단을 안끼리 맞대고, 윗면을 시접 0.5cm를 두고 박음질합니다.

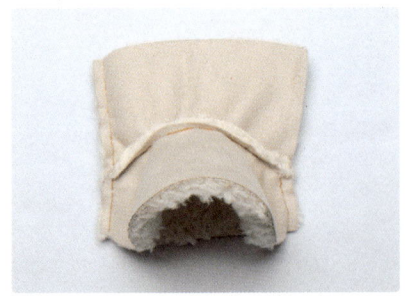

2 발등과 발목을 연결한 몸판을 뒷면 원단과 안끼리 맞댄 후

> 다른 한 짝을 만들 때는 이 과정에서 트이는 부분을 반대로 해주어야 신발이 대치됩니다.

3 한쪽 면은 옆선 모두 시접 0.5cm를 두고 박음질하고,

4 나머지 한쪽 면은 발등의 옆선까지만 시접 0.5cm를 두고 박음질합니다.

5 바닥을 몸판의 발끝과 뒤꿈치 중심에 맞추어 안끼리 맞대고, 시접 0.5cm를 두고 박음질해 연결합니다.

Step 02 ; 감침질하기

1 박음질한 부분의 시접은 두 장을 한꺼번에 감침질하여 마무리하고,

> 실은 두 겹을 사용하며, 바느질 간격은 약 0.5~0.7cm로 살짝 당기면서 감침질해야 바느질 선과 모양이 예쁘게 잡혀요.

2 신발 라인을 따라 나머지 테두리도 감침질해 마무리합니다.

Step 03 ; 밴드 만들기 & 마무리

1 밴드 안쪽에 벨크로 테이프의 부드러운 부분을 올려놓고 감침질해 연결하고,

2 겉쪽에는 고무라벨을 박음질합니다.

3 발등의 옆선까지만 박음질한 몸판에 벨크로 테이프의 부드러운 부분을 감침질해 연결하고,

★ 다른 한 짝도 동일한 방법으로 제작합니다.

4 신발 옆면의 밴드 위치에 고무라벨을 부착한 밴드를 박음질해 달아줍니다.

프린세스 보넷

특별한 날 사랑스런 우리 아기 외출 소품~

자외선 및 직사광선 등 외부 자극으로부터 아기의 연약한 피부와 머리를 보호해 주는 공주풍 보넷입니다.
연약한 피부에 자극이 적도록 부드러운 면 소재를 사용하고, 풍성한 망사로 포인트를 주어 더욱 로맨틱합니다.
엄마가 직접 만들어서 100일 기념 사진도 한 컷 찍어준다면 더욱 의미있겠죠?

How to make

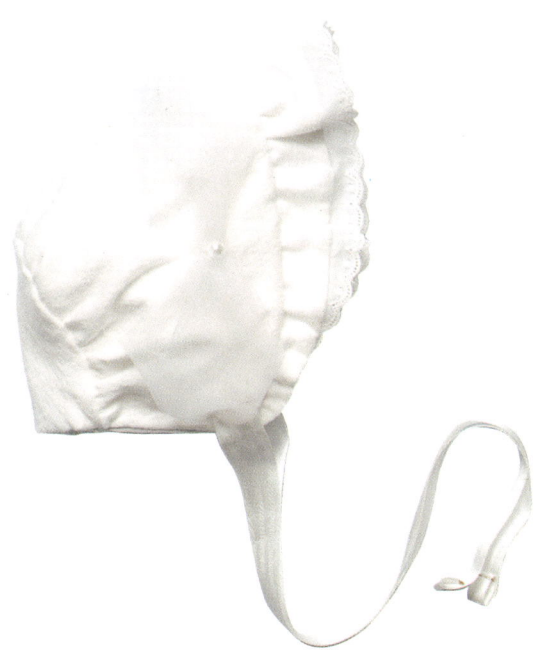

재료

- **사이즈** : 6개월

안감원단
(55cm×20cm) 1장

겉감원단
(55cm×20cm) 1장

인견 끈 (90cm)
청레이스 (50cm)

망사 (45cm×30cm)

진주 구슬 3개
(지름 8mm)

TIP. 겉감은 통풍이 좋은 원단(아일렛, 표면에 凹凸가 있는 원단)을 사용하고, 안감은 두툼한 거즈나 부드러운 평직원단으로 흡수성이 좋은 소재를 사용하는 것이 좋습니다.

재단하기

도안대로 그린 후 재단합니다.

㉮ 몸판(겉감용) - 1장, (안감용) - 1장
㉯ 뒷판(겉감용) - 1장, (안감용) - 1장
㉰ 챙(겉감용) - 1장, (안감용) - 1장

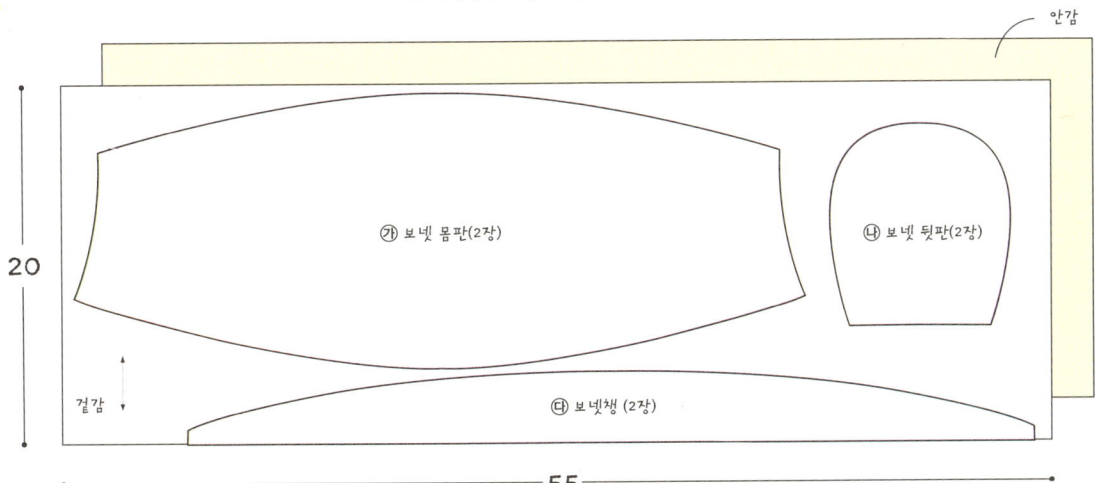

Step 01 ; 몸판 만들기

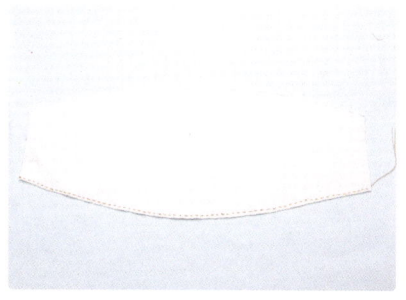 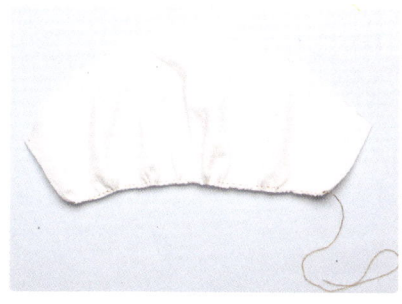

1 몸판 아래(넓은쪽) 부분을 홈질하여 잡아당겨 주름을 만듭니다.

2 이때 주름 길이는 뒷판 윗부분에 맞춥니다.

Step 02 ; 몸판과 뒤판 연결하기

 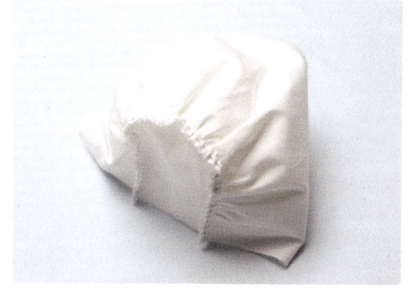 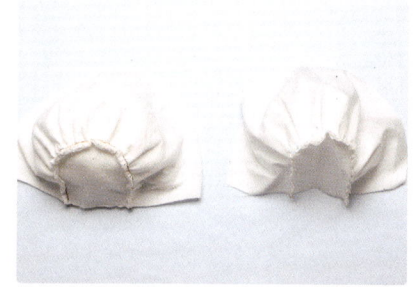

1 주름잡은 몸판과 뒤판을 겉끼리 맞대고 핀으로 고정한 뒤 0.5cm 시접을 남기고 박음질합니다. 안감도 같은 방법으로 만듭니다.

Step 03 ; 챙 만들기

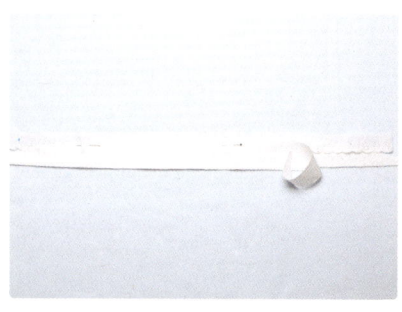 

1 겉감의 겉쪽의 곡선에 레이스를 얹고 핀을 꽂아 고정시킨 후 안감을 겉끼리 맞대도록 얹고 곡선부분을 0.5cm 시접을 두고 홈질한 후 뒤집어 다림질해주세요.

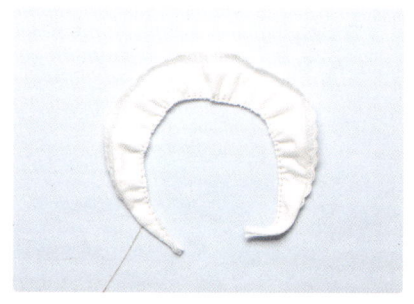

2 챙의 아랫 부분을 홈질하여 살짝 잡아 당겨 주름을 만들어줍니다.

3 이때 주름 길이는 몸판 얼굴둘레에 맞춥니다.

Step 04 ; 몸판 & 챙 연결하기

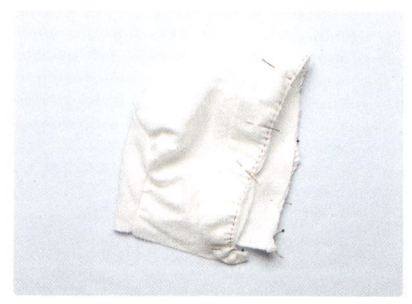

1 몸판 겉감의 겉쪽의 얼굴둘레에 챙을 겉쪽끼리 맞닿게 얹고 핀을 꽂아 고정시킵니다.

2 챙 위에 안감을 겉쪽끼리 맞닿게 얹고 아래부분에 창구멍 5cm를 제외하고 0.5cm 시접을 두고 박음질합니다.

3 겉으로 뒤집은 후 창구멍은 공그르기로 막아줍니다.

Step 05 ; 끈달기

1 끈을 45cm로 자른 뒤 끈 위치에 끈을 사진과 같이 놓고 박음질해 고정시킨 후 시접이 보이지 않도록 반대쪽으로 넘겨 다시 박음질합니다.

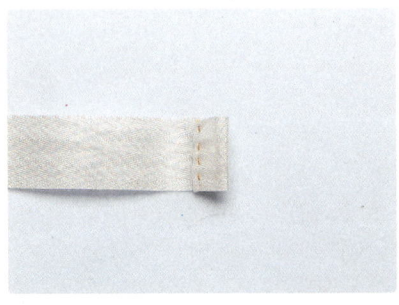
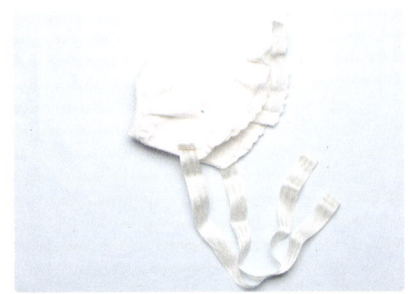

2 끈 끝은 올이 풀리지 않도록 두 번 접어 끝부분을 홈질합니다.

Step 06 ; 망사 만들기

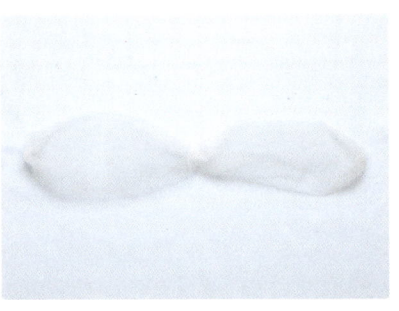

1 망사는 2등분으로 접은 후 4등분으로 나누어 마디부분을 묶어줍니다.

Step 07 ; 망사&몸판 연결하기

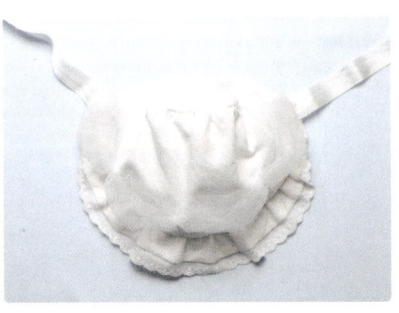
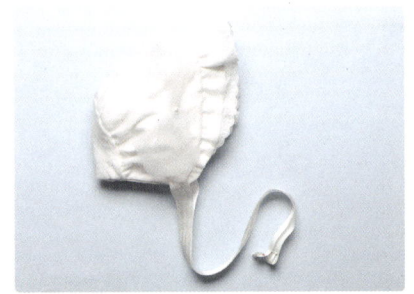

1 양쪽 끝과 마디부분을 몸판과 감침질로 연결합니다.

2 마디부분에 진주구슬을 꿰매어 주면 더 예쁩니다.

오가닉코튼 아기용 원단

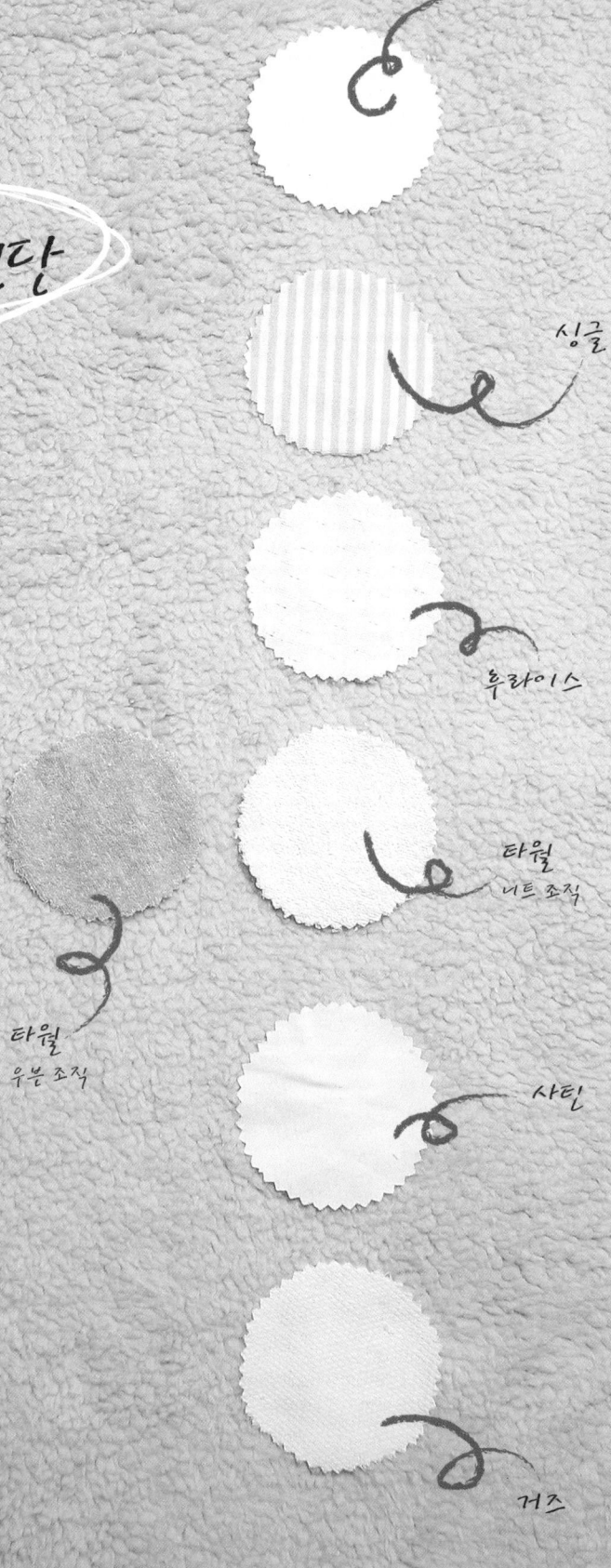

① **양면**
겉과 안의 조직 모양이 같은 메리야스 원단으로 신생아 용품이나 유아복에 많이 사용된다. 보통 40'S(40수)를 많이 사용 구분이 어려운 원단으로 순면으로 제직한 원단은 내의, 실내복, 유아복, 배냇저고리 등 신생아용품으로 많이 사용됩니다.

② **싱글**
원단이 얇고 편하게 착용할 수 있는 메리야스 원단으로 20수, 30수 등이 있으며 배냇저고리, 내의 등 늦봄 ~ 여름까지의 아기 옷을 만들기 적당한 원단입니다.

③ **후라이스**
양쪽으로 당기면 아주 작은 골이 보이는 형태의 원단으로 아기 옷 목선, 소매 끝 밑단 등 테두리를 마무리하는 테이프로 많이 사용됩니다.

④ **타월**
- 니트 조직 – 한쪽은 메리야스 조직이며 반대쪽은 타월 조직으로 늘어나는 원단입니다. 짱구베개, 인형, 속싸개 등으로 사용됩니다.
- 우븐 조직 – 신축성이 없는 우븐 조직으로 바스가운 아가의 목욕수건, 목욕 용품 등에 많이 쓰입니다.

⑤ **사틴**
주자직으로 짠 광택이 있는 직물로 주로 홈웨어, 침구, 커튼 등에 쓰입니다.

⑥ **거즈**
흡수성 우수, 면사로 성글게 짠 원단으로 흡수성이 우수합니다. 주로 유아용 손수건으로 많이 사용합니다.

리본슈즈

공주풍 리본슈즈...

아기의 앙증맞은 발을 따뜻하게 감싸주며 보호하는 공주풍 슈즈입니다.
아기 신발은 가볍고 부드러운 소재로 해주시는게 좋답니다.
짧은 레이스와 오간디 리본으로 사랑스러우면서도 귀여운 느낌을 연출해주세요.
공주풍 보넷과 세트로 백일사진 및 기념일 세레모니 드레스와 함께 코디하면 아기모델이 따로 없답니다.

How to make

재료

· 사이즈 : 0～6개월

겉감원단
(35cm×35cm)

안감원단
(35cm×35cm)

퀼트 접착 솜
(15cm×15cm)

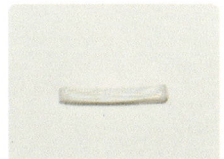
끈(90cm)

방울레이스(45cm)

재단하기

도안대로 그린 후 재단합니다.

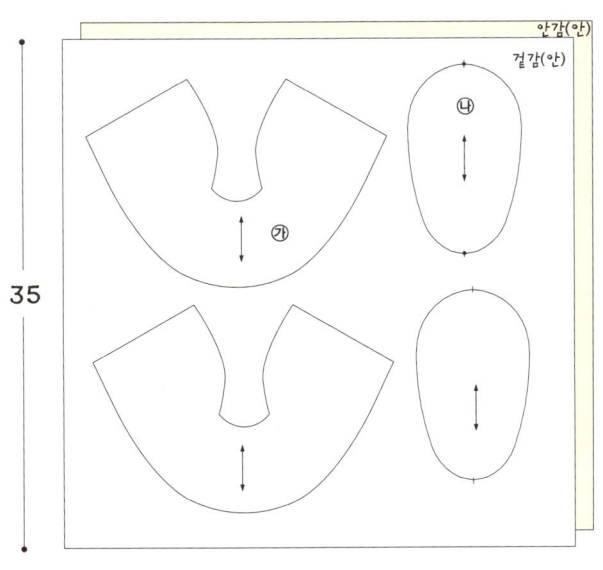

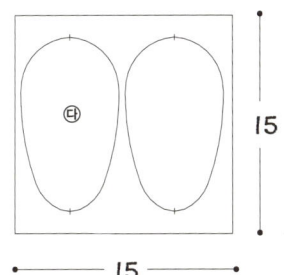

㉮ 몸판(겉감용) - 2장, (안감용) - 2장
㉯ 밑판(겉감용) - 2장, (안감용) - 2장
㉰ 바닥솜 - 2장

Step 01 ; 몸판 만들기

1. 몸판 겉감 겉쪽의 끈고정을 얹고 홈질 합니다.

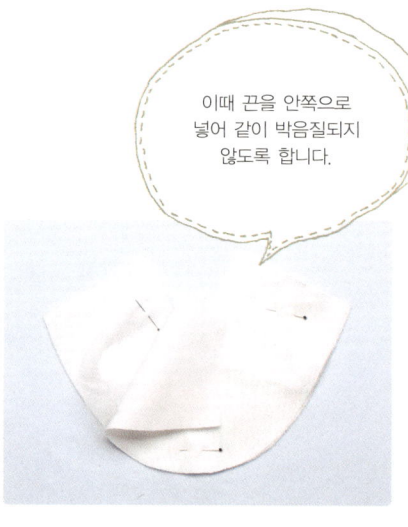

이때 끈을 안쪽으로 넣어 같이 박음질되지 않도록 합니다.

2. 겉감 위에 안감을 겉끼리 마주보게 놓고,

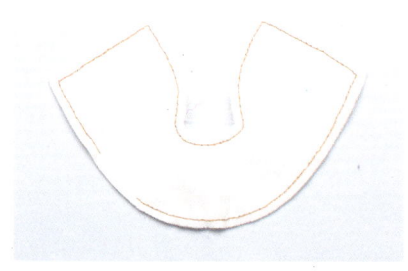

3. 적당량의 창구멍(4cm)을 제외한 가장자리 전체를 시접 0.5cm를 두고 박음질합니다.

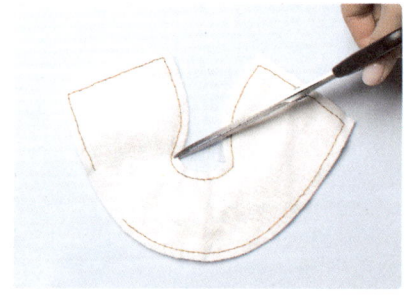

4. 곡선 부분에 가위집을 내주고,

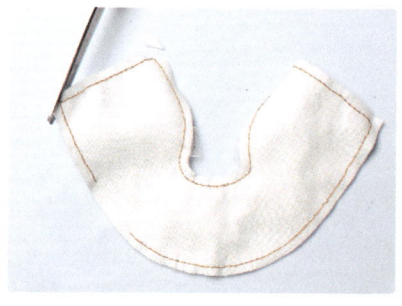

5. 모서리 시접을 대각선으로 잘라 정리합니다.

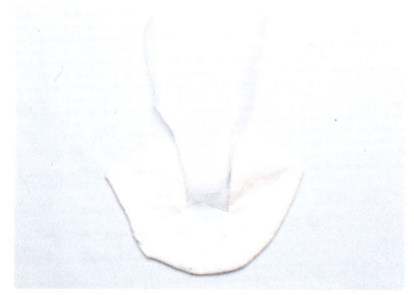

6. 창구멍으로 뒤집어줍니다.

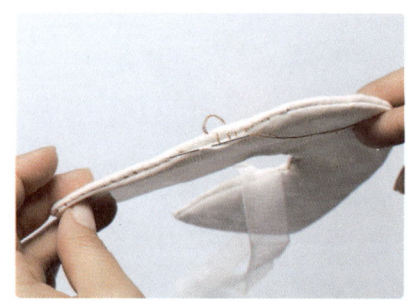

7. 창구멍을 공그르기로 막아줍니다.

8. 뒤 중심선을 공그르기로 연결합니다.

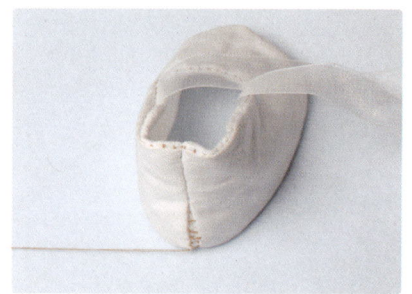

9. 겉쪽에서 공그르기하고 뒤집어서 안쪽에서도 한 번 더 공그르기 해주세요.

Step 02 ; 레이스 달기

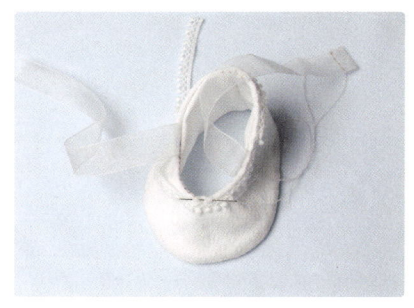 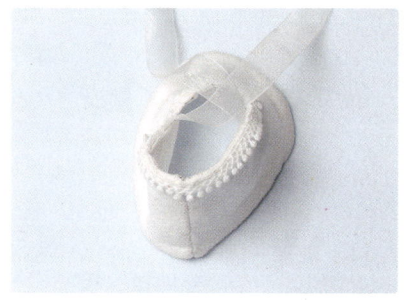

1. 바닥 겉감원단의 겉면에서 다림질하여 붙여줍니다.

2. 바닥 안감원단과 솜을 부착한 바닥 원단을 겉끼리 맞대고,

Step 03 ; 바닥 만들기

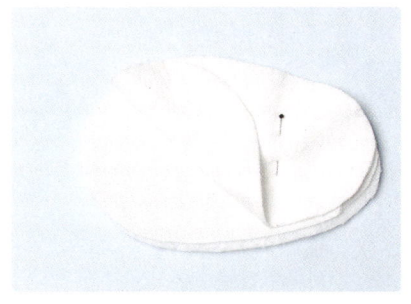 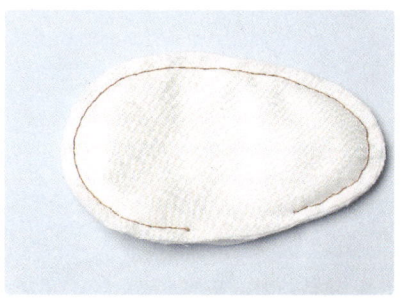 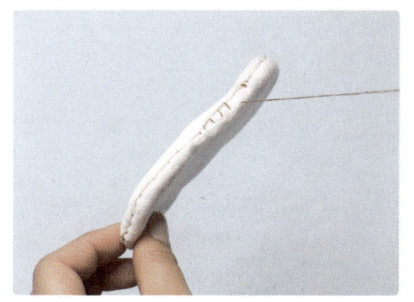

1. 솜원단 위에 겉끼리 맞댄 바닥원단을 올려놓고 시침핀으로 고정합니다.

2. 창구멍을 제외하고 0.5cm 시접을 두고 전체 박음질한 후 뒤집어 줍니다.

3. 창구멍을 공그르기해 막아줍니다.

Step 04 ; 몸판과 바닥 연결하기

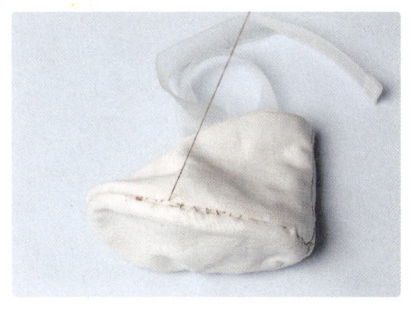 

★ 다른 한 짝도 동일한 방법으로 제작합니다.

1. 만들어 놓은 바닥을 몸판에 맞춰 시침핀으로 고정시킨 후, 겉쪽에서 공그르기로 연결하고,

2. 뒤집어서 안쪽에서도 공그르기로 연결해 완성합니다.

보행기 슈즈

실내에서 아기의 발을 보호해 줄 아장아장 아기신발~

아기가 있는 엄마는 물론, 조카에게 선물하는 이모들에게까지 인기 만점인 베이비 슈즈입니다. 걷기 전에는 보행기 신발로, 걷기 시작하면 걸음마 연습용 신발로 두루 활용하는 실속 아이템이에요. 바닥에 미끄럼 방지원단을 대어주면 걸음마를 막 시작하는 아기에게 안전한 신발이 된답니다.

How to make

재료

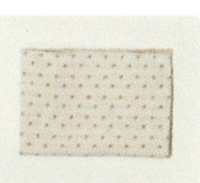

브라운원단
옆면원단(25cm×15cm) 2장

도트&스트라이프원단
밑단(20cm×15cm) 2장
윗판(25cm×12cm) 2장
밴드(10cm×10cm) 2장

벨크로 테이프

바닥 솜 (15cm×20cm)

미끄럼방지고무
(10cm×5cm)

라벨

나무단추 2개

재단하기

도안대로 그린 후 재단합니다.

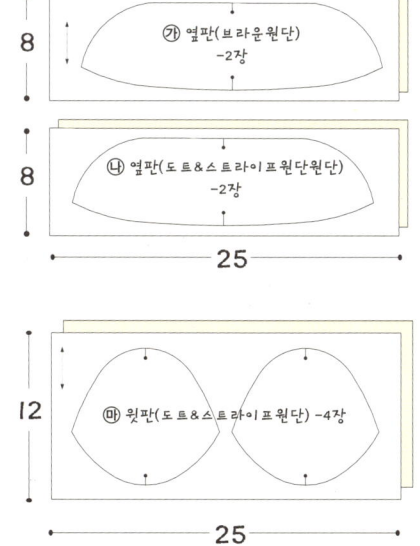

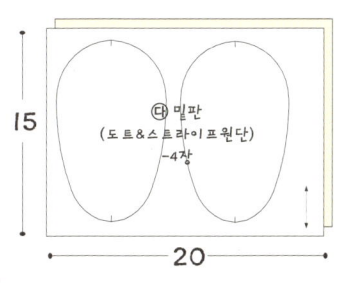

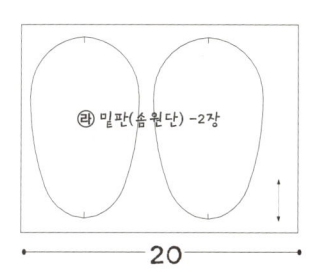

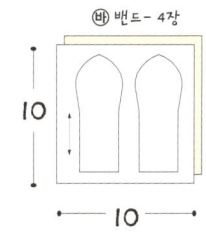

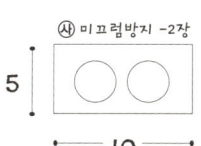

Step 01 ; 바닥 만들기

1 솜원단위에 겉끼리 마주댄 바닥원단을 얹은 후

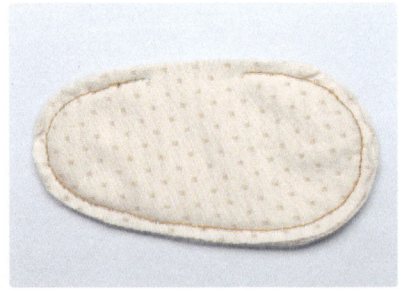

2 창구멍 4cm를 제외한 가장자리 전체를 시접 0.5cm를 두고 박음질합니다.

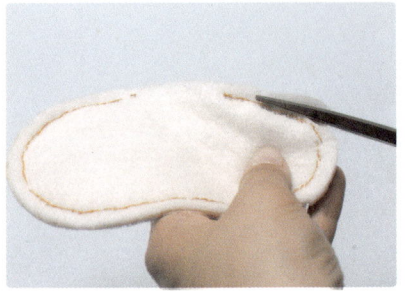

3 솜은 시접 0.2cm를 남기고 가위로 잘라줍니다.

4 창구멍으로 뒤집은 후

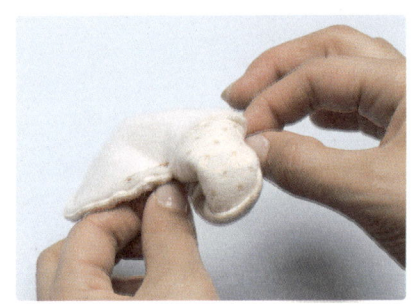

5 창구멍을 공그르기해 막아줍니다.

6 바닥에 미끄럼방지 고무를 댄후 원단 3겹을 한꺼번에 박음질합니다.

Step 02 ; 발등 만들기

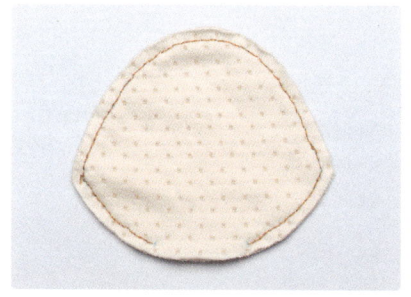 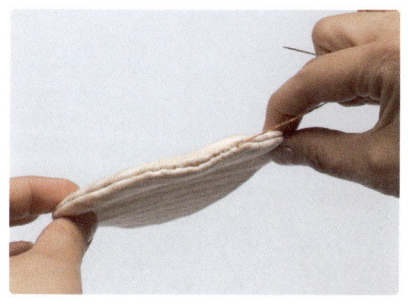 

1 발등원단 2장을 겉끼리 맞대고 창구멍을 제외한 가장자리 전체를 시접 0.5cm를 두고 박음질합니다.

2 창구멍을 통해 뒤집은 후 창구멍을 공그르기해 막아줍니다.

Step 03 ; 발목만들기

 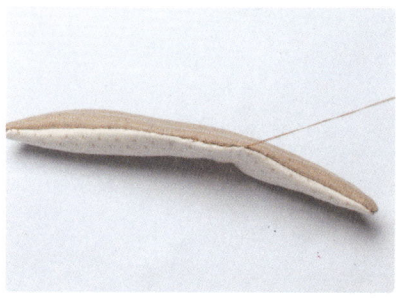 

1 옆면원단 역시 2장을 겉끼리 맞대고 창구멍을 제외한 가장자리 전체를 시접 0.5cm를 두고 박음질합니다.

2 창구멍을 통해 뒤집은 후 공그르기해 막아줍니다.

Step 04 ; 밴드 만들기

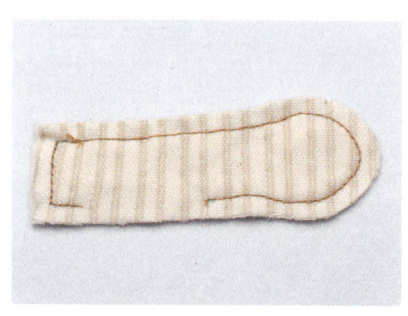 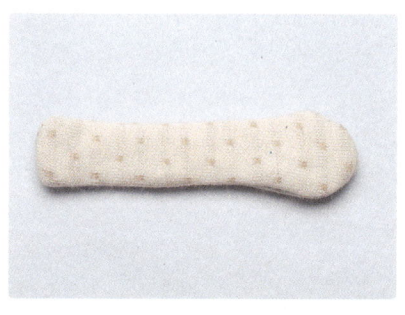

1 밴드원단 역시 위와 동일한 방법으로 뒤집은 후 공그르기해 막아줍니다.

2 밴드의 한쪽 면에는 장식 단추를 달아 포인트를 주세요.

Step 05 ; 몸판 연결하기

1 바닥에 앞 뒤 중심점을 표시하고, 표시한 중심점에 맞추어 발등원단을 올려 시침핀으로 고정시킵니다.

2 바닥과 발등을 겉에서 겉감끼리 공그르기로 연결하고, 뒤집어서 안에서 안감끼리 공그르기로 연결합니다.

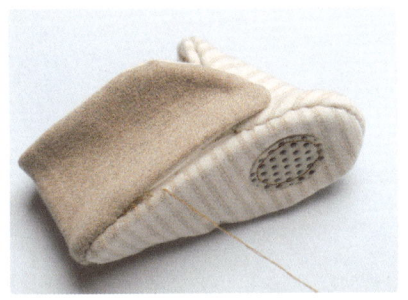

3 옆면 역시 공그르기로 발등과 바닥에 연결시켜줍니다.

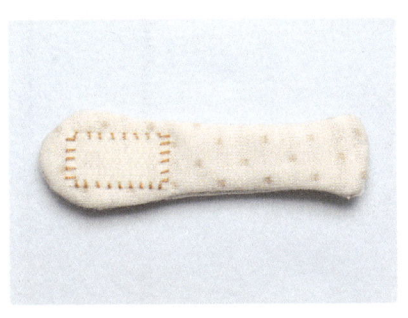

4 밴드 안쪽의 면에 벨크로 테이프의 부드러운 면을 감침질하고,

5 사진과 같이 몸판의 발목 부분에 감침질로 달아줍니다.

6 반대쪽 발목 옆면에 벨크로 테이프의 거친 면을 감침질로 달아줍니다.

보행기 슈즈

포인트 라벨 대신, 아기의 이니셜을 수놓은 라벨을 달아 주어도 좋아요!

7 신발 뒷면에 라벨을 박음질하여 포인트를 주어 완성합니다.

★ 다른 한 짝도 동일한 방법으로 제작합니다.
단, 슈즈의 오른쪽 왼쪽을 구분하기 위해 밴드를 반대로 달아 주세요!

목욕 후의 아이를 포근하게 감싸줄 바스가운!

넉넉한 사이즈에 후드까지 달려있어 아이를 따듯하고 포근하게 감싸줄 귀여운 곰돌이 귀가 달린 바스가운입니다. 목욕 후 욕실에서 방까지 이동하는 짧은 순간에도 아이가 갑작스런 기온차로 감기에 걸리지는 않을까 걱정하셨지요? 귀여운 곰돌이 바스 가운으로 걱정은 날려버리고 따스함만을 간직하세요. 가벼운 외출에는 바람막이 이용으로, 낮잠을 잘 때는 이불 대용으로, 수영장에서는 비치가운으로 두루 사용할 수 있는 실용적인 아이템이랍니다.

바스가운

How to make

재 료
· 사이즈 : 3~4세까지

몸판 양면타월원단
(100cm×85cm)

바이어스 무지원단
(4cm×230cm)

바이어스 도트원단
(4cm×50cm)

재단하기
도안대로 그린 후 재단합니다.

〈바스가운 꿀벌도안〉

baby

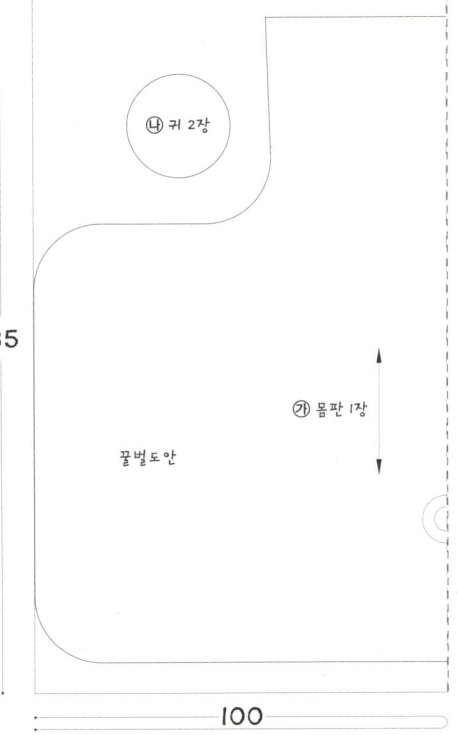

85
100

㉯ 귀 2장
㉮ 몸판 1장
꿀벌도안

Step 01 ; 모자 만들기

1 몸판의 위쪽을 올이 풀리지 않도록 지그재그로 감침질합니다.

2 몸판을 겉끼리 마주보도록 반으로 접은 후, 모자 윗선을 시접 1cm를 두고 박음질합니다.

3 위쪽을 세모 모양으로 접으면 모자가 됩니다.

Step 02 ; 바이어스 두르기

박음질 시작시 바이어스의 끝을 1cm 정도 접은 상태로 박음질해주세요.

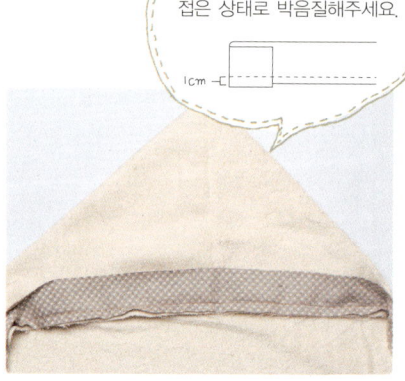
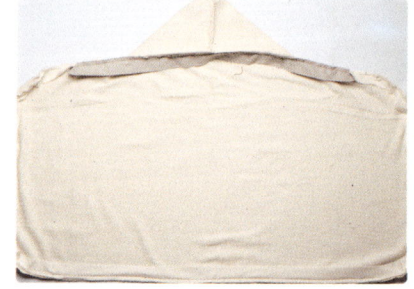

1 도트 바이어스원단의 중심을 모자의 얼굴둘레 중심에 맞춘 뒤, 시접 1cm를 두고 박음질합니다.

2 모자와 연결되는 몸판의 나머지 부분도 무지 바이어스원단으로 시접 1cm를 두고 박음질합니다.

3 이때 무지 바이어스는 시작과 끝을 접지 않으며, 모자의 도트 바이어스의 접은 1cm와 포개어 마무리합니다.

4 곡선 부분은 시접에 몸판과 함께 가위집을 내줍니다.

5 바이어스를 전체적으로 둘러줍니다.

Step 03 ; 귀 만들기

1 귀 원단을 반으로 접은 후, 창구멍(3cm)을 제외한 가장자리를 시접 0.5cm로 박음질한 후 뒤집습니다.

2 창구멍을 공그르기해 막아주고,

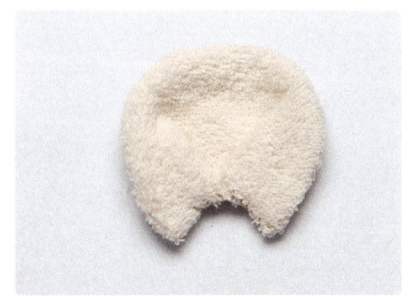

3 밑면에 실을 잡아 당겨 주름을 잡아줍니다.

4 몸판의 모자 부분의 적당한 위치에 만들어놓은 귀를 감침질해 연결합니다.

5 몸판에 도안대로 수를 놓아주면 완성입니다.

**애교만점 외출소품
나비넥타이 ~**

파티나 특별한날 아이에게 거추장스럽지 않으면서도 여러면에서 활용도가 높은 보타이를 만들어 주세요. 활동성 많은 아이에게는 멋내기 필수 아이템이랍니다.

보타이

How to make

재료

· **사이즈** : free

몸판, 띠 체크원단
(25cm×12cm)

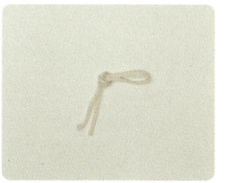
고무줄
(아기 목둘레 + 1cm)

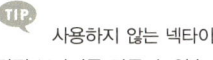
사용하지 않는 넥타이를 이용하여 컬러풀하고 멋진 보타이를 만들 수 있습니다.

재단하기

도안대로 그린 후 재단합니다.

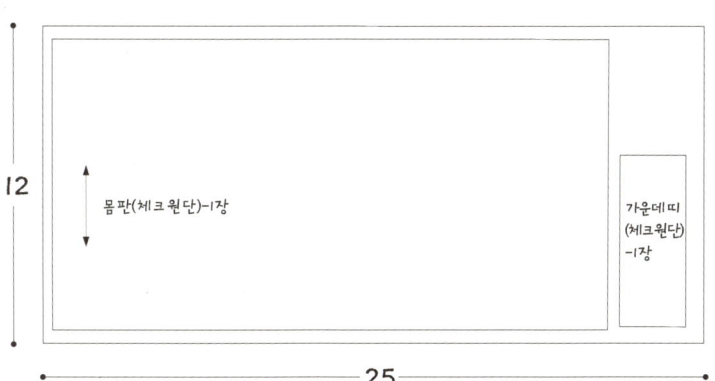

Step 02 ; 주머니 달기

1 몸판을 겉끼리 마주보도록 반을 접은 후, 시접 0.5cm를 두고 적당량의 창구멍을 남긴 후 ㄱ자로 박음질합니다.

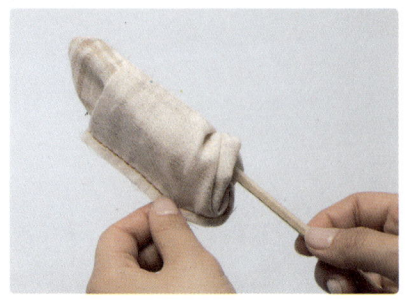

2 창구멍으로 뒤집어줍니다. (나무젓가락 도구를 이용하면 편리합니다)

3 끝 모퉁이 부분은 뾰족한 것으로 예쁘게 빼내어 다림질합니다.

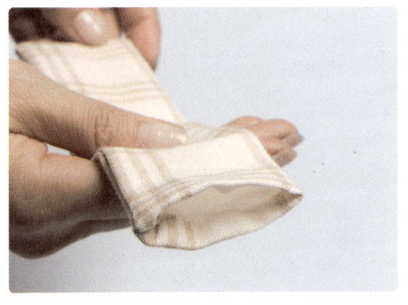

4 다림질한 후 창구멍을 살짝 안으로 접고,

5 공그르기해 막아줍니다.

6 몸판을 둥글게 말아 양 끝을 공그르기로 이어줍니다.

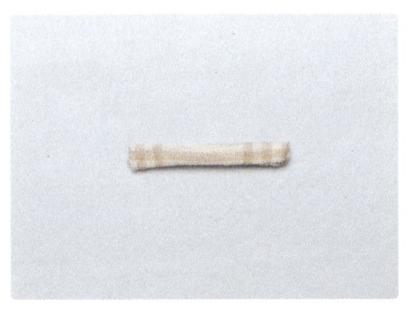

7 리본 중심 원단은 ① ~ ④ 번과 동일한 방법으로 만들어주세요.

8 몸판을 대칭이 되도록 모양을 잘 잡은 후, 중간을 홈질해 실을 잡아당기면 주름이 잡힙니다.

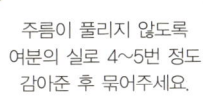

주름이 풀리지 않도록 여분의 실로 4~5번 정도 감아준 후 묶어주세요.

9 몸판을 대칭이 되도록 모양을 잘 잡은 후, 중간을 홈질해 실을 잡아당기면 주름이 잡힙니다.

10 고무줄을 동그랗게 말아 끝부분 1cm를 겹쳐서 감침질하고,

11 주름을 잡아 놓은 몸판의 중심에 감침질로 연결해줍니다.

12 만들어놓은 리본 중심 원단을 몸판의 중심에 둘러서 감침질해 마무리합니다.

story 03

- 좁쌀베개
- 소짱구베개
- 양짱구베개
- 랑이베개
- 베이비리스&모빌

포근한 아기방 꾸미기

Sewing diary #3

특별한 인연

포근한 이불만큼이나 따뜻하고 고마운 사람을 만났습니다.

늘 좋은 품질의 원사로 훌륭한 원단을 만들어주고

언제나 핸즈의 든든한 후원자가 되어주는 오지랖 넓은 금보섬유 이성엽과장님.

"하고 싶은 디자인 마음껏 하세요.

내가 10Y 짜달라하면 짜주고 30Y 짜달라고 하면 짜줄께요."

정말 말씀만으로도 얼마나 든든한지 모릅니다.

과장님~ 사모님 그리고 다현이 수빈이 모두모두 행복하세요.

늘 감사합니다.

좁쌀베개

체온조절이 미숙한 신생아를 위한 좁쌀베개~

신생아는 장기도 불완전하지만, 체온조절 능력도 성인들에 비해 현저히 떨어져요. 온도나 습도를 조금만 놓쳐도 금세 발진이 생기거나 감기에 걸리기 쉽습니다. 좁쌀베개는 체온조절이 미숙한 신생아 시기에 열을 식혀주고 머리를 시원하게 해주기 때문에 꼭 필요합니다. 땀이 많은 아기를 위해 커버는 2~3장 정도 준비해 번갈아 세탁하며 사용하는 것이 좋아요.

How to make

재료

· 사이즈 : 30cm×20cm

몸판 면원단 (70cm×16cm)   속통 면원단 (31cm×42cm)

몸판 체크원단 1장 (70cm×8cm)   스트라이프원단 / 도트원단 / 펠트원단 조금

좁쌀 500g

TIP. 원단은 땀흡수에 뛰어나고 통기성이 좋은 면 100% 원단으로 거즈원단 또는 트월, 사틴 면원단을 사용하는 것이 좋습니다.

재단하기

도안대로 그린 후 재단합니다.

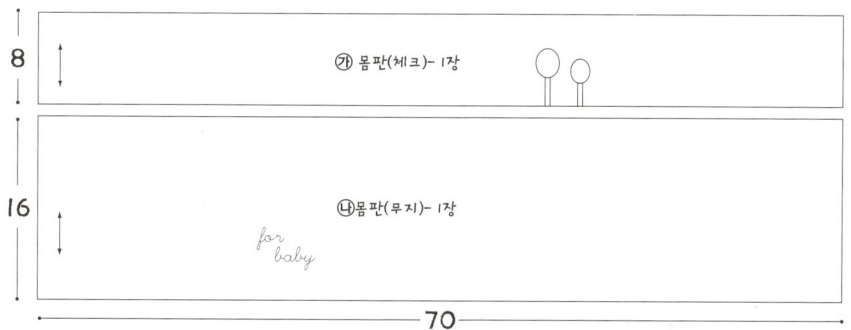

㉮ 몸판(체크)- 1장   8
㉯ 몸판(무지)- 1장   16
70

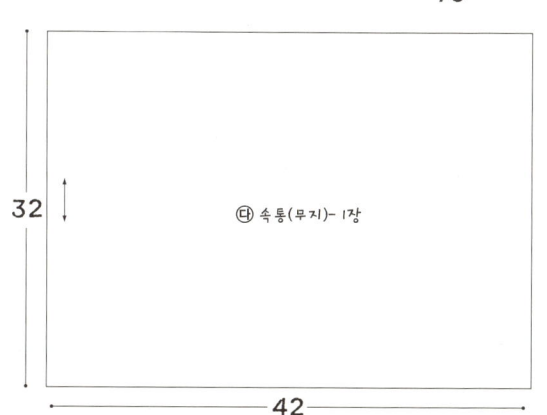

㉰ 속통(무지) 1장   32
42

㉱ 나무1(스트라이프)- 2장
㉲ 나무2(도트)- 2장
㉳ 기둥(갈색펠트)-2장

Step 01 ; 좁쌀 속통 만들기

1 속통 원단을 겉끼리 마주보도록 반으로 접고, 창구멍 12cm를 제외한 나머지 부분을 시접 1cm를 두고 박음질합니다.

> 좁쌀이 새지 않도록 모퉁이까지 꼼꼼히 바느질 해주세요.

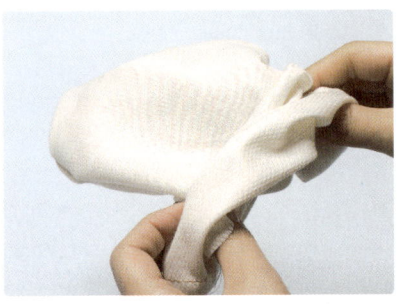

2 창구멍으로 뒤집은 후,

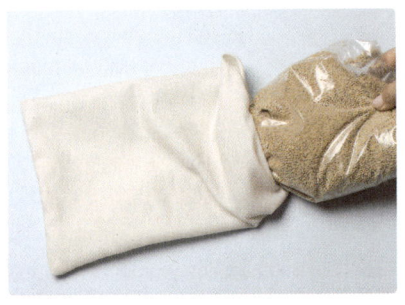

3 약 500g의 좁쌀을 넣어줍니다.

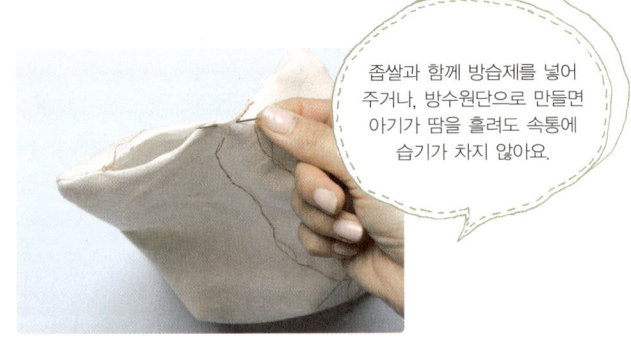

4 창구멍은 시접을 안으로 넣어 박음질로 막아줍니다.

> 좁쌀과 함께 방습제를 넣어주거나, 방수원단으로 만들면 아기가 땀을 흘려도 속통에 습기가 차지 않아요.

Step 02 ; 나무 장식 만들기

1 나무가 될 스트라이프 원단을 겉끼리 마주대고 0.5cm 시접을 두고 박음질합니다.

2 뒤쪽 원단면 한장만 가위집을 내어 창구멍을 만들어줍니다. 도트원단 역시 동일한 방법으로 만들어줍니다.

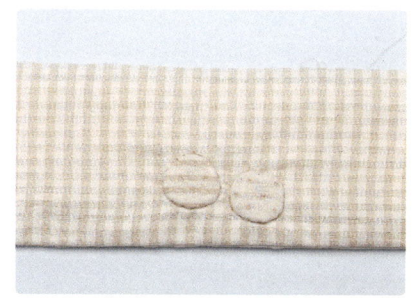

3 만들어 놓은 나무원단 장식을 겉감 체크원단의 도안 위치에 놓고 공그르기로 달아줍니다.

4 나무 기둥이 될 펠트원단 역시 도안 위치에 놓고 가운데를 홈질하여 고정시킵니다.

Step 03 ; 베개커버 만들기

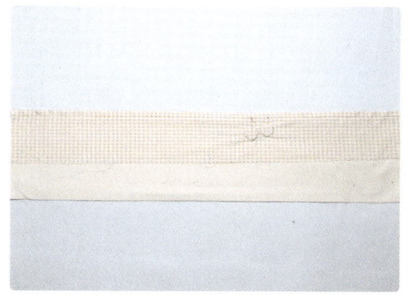
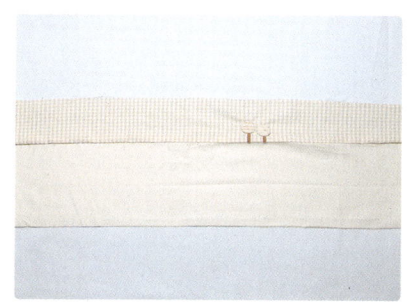

1 몸판 무지원단과 체크원단을 겉끼리 맞댄 후 윗단을 1cm 시접을 두고 박음질한 후 펼쳐줍니다.

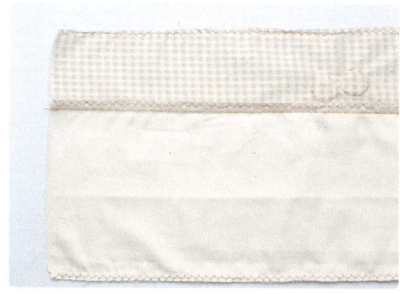

2 가장자리 올이 풀리지 않도록 시접을 모두 지그재그로 박아줍니다.

3 겉면에서 포인트가 되도록 체크원단 끝부분을 갈색실로 예쁘게 홈질합니다. 체크원단의 겉 밑면에서 0.2cm 정도 올라가 시접과 함께 촘촘하게 홈질하여 마무리합니다.

> **TIP 가장자리 시접처리**
> 원단 가장자리 올이 풀리지 않도록 처리하는 방법 중
> - **지그재그 박기** – 가정용 재봉틀로 가장 많이 쓰는 시접처리 방법
> - **오버로크 또는 인터로크** – 전문기계를 이용하거나 세탁소를 이용합니다. (동대문 동화상가 2층에 전문적인 가게가 있습니다)

겹치는 부분은 약 6cm 정도 되도록 해주세요. 겹치는 부분 (여밈부분)은 박음질하지 않습니다.

4 몸판 원단 양쪽 끝을 안쪽으로 1cm씩 두 번 접은 후,

5 접힌 끝쪽을 촘촘하게 홈질합니다.

6 양쪽 끝이 가운데에서 겹쳐지도록 접고, 몸판 안쪽면에서 아랫단과 윗단을 시접 1cm를 두고 박음질합니다.

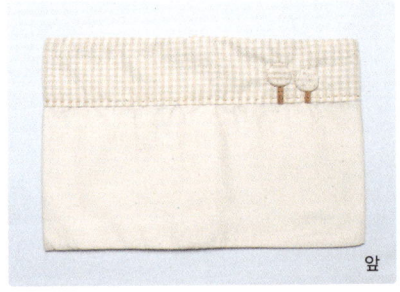 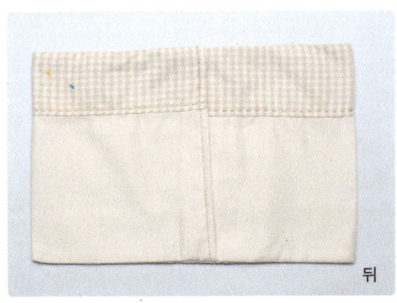 

7 여밈 부분으로 뒤집어 준 후,

8 도안 중 원하는 몸판 겉면의 왼쪽 하단에 수성펜으로 글씨를 쓴 후,

 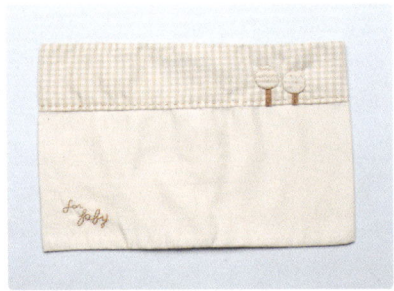

9 갈색실을 이용하여 박음질로 수놓아주세요.

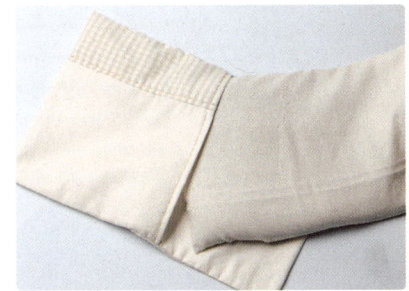

10 좁쌀 속통을 넣어주세요.

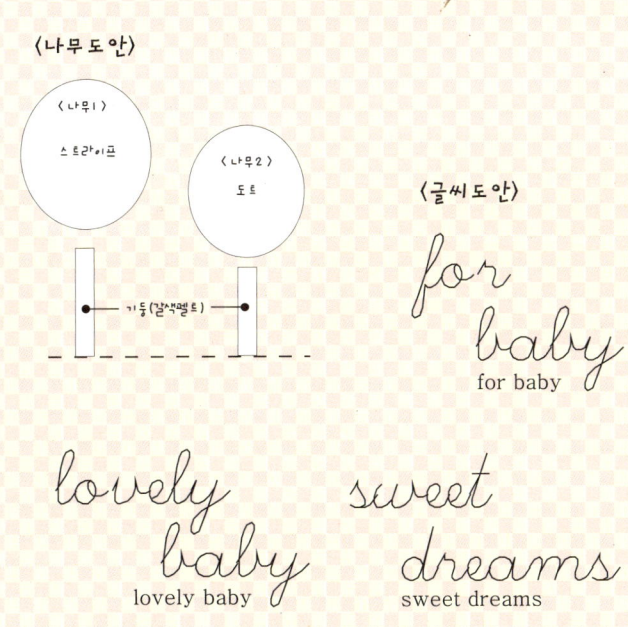

〈나무도안〉

〈나무1〉 스트라이프

〈나무2〉 도트

기둥(갈색펠트)

〈글씨도안〉

for baby
for baby

lovely baby
lovely baby

sweet dreams
sweet dreams

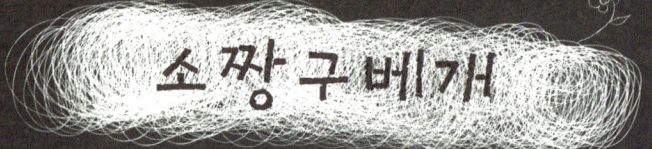

소짱구베개

예쁜 머리모양을 위한 짱구베개

아직 뼈가 굳지 않은 아기들에게 짱구베개로 동글동글 예쁜 두상을 선물하세요. 동물 모양의 귀여운 짱구베개가 우리 아기의 잠자리에 좋은 친구가 되어줄 거예요.

신생아 시기에는 땀을 많이 흘리기 때문에 땀 흡수가 뛰어난 원단을 사용하는 것이 좋으며, 아기 목에 무리가 가지 않도록 솜을 적당히 넣어 너무 높지 않게 해주는 것이 좋습니다.

How to make

재료

· 사이즈 : 33cm×26cm

몸판
(40cm×25cm 2장)

입&얼룩무늬 : 체크원단
(15cm×25cm)

스트라이프원단
(15cm×5cm 2장)

꼬리 면 끈 (8cm)

귀 브라운타월원단
(5cm×5cm 2장)

솜

○ 볼연지
아이보리 펠트원단
조금

□ 뿔
갈색 펠트원단
조금

재단하기

도안대로 그린 후 재단합니다.

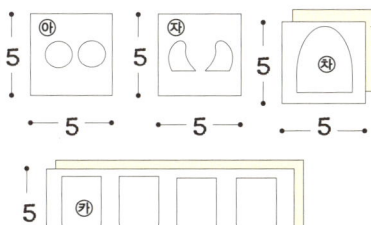

㉮ 볼연지(아이보리 펠트) - 2장
㉯ 뿔(갈색펠트) - 2장
㉰ 귀(브라운타월) - 2장
㉱ 다리(스트라이프) - 8장

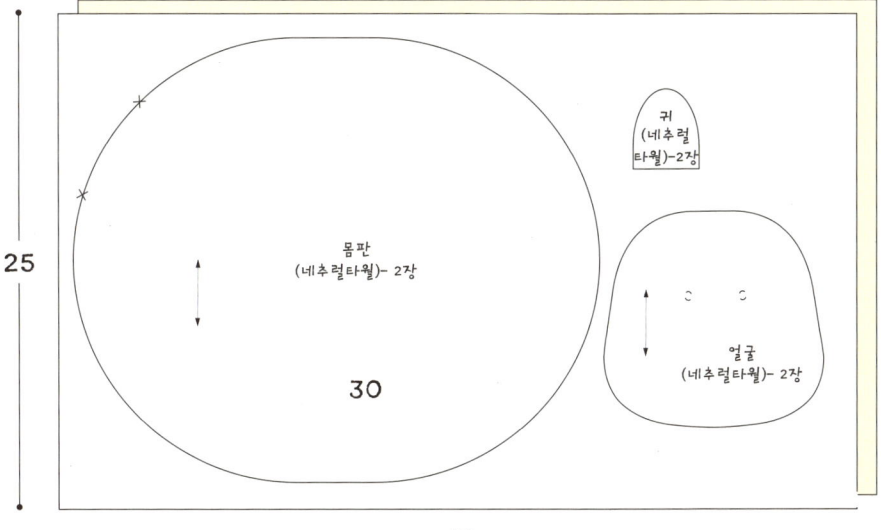

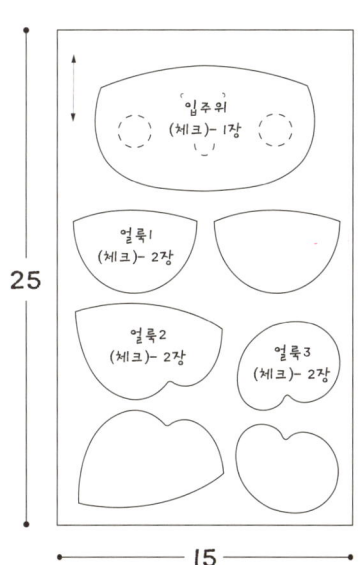

Step 01 ; 소 머리 만들기

1 재단된 입 주위 체크원단의 윗면을 0.5cm 안쪽으로 접어 다림질하고,

2 얼굴 원단의 겉면에 놓고 윗단을 홈질하여 연결합니다.

3 눈, 코, 입을 수성 펜으로 그린 후, 밤색 수실을 사용하여 눈과 코는 새틴 스티치로, 입은 아우트라인 스티치로 수놓아줍니다.

4 얼굴 체크원단 위에 볼연지를 감침질해 연결합니다.

실은 갈색 실을 사용하세요.

5 재단된 귀 살색원단과 갈색원단을 겉면끼리 맞대고, 밑 선을 제외한 나머지 부분을 0.5cm 시접을 두고 박음질합니다.

6 뒤집은 후 같은 방법으로 하나 더 만들어주세요. (사진과 같이 원단을 가운데 중심으로 말아준 후 주름이 고정되도록 밑 선을 홈질해 고정시킵니다)

소 짱 구 베개

7 만들어 놓은 얼굴원단 겉면에 귀와 뿔의 위치를 잡아 시침핀 또는 홈질해 고정시킵니다.

8 만들어 놓은 얼굴원단과 남은 얼굴 타월원단을 겉끼리 맞대고 시침핀으로 고정시킨 후, 창구멍을 제외한 가장자리 전체를 시접 0.5cm를 두고 박음질한 후 뒤집어줍니다.

9 창구멍을 통해 적당량의 솜을 넣어주고,

10 창구멍은 공그르기로 막아줍니다.

Step 02 ; 다리 & 얼룩무늬 아플리케 만들기

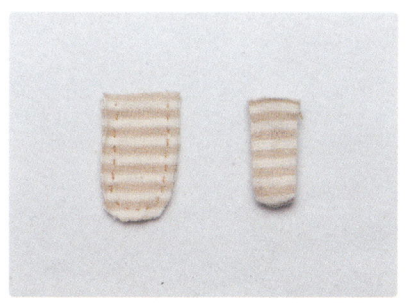

1 다리 스트라이프원단 2장을 겉끼리 맞댄 후, 윗면을 제외한 가장자리를 시접 0.5cm를 두고 박음질한 후 뒤집어줍니다.

2 동일한 방법으로 총 4개의 다리를 만들어주세요.

뾰족한 부분을 바늘 끝으로 잘 빼내어 주고 다림질하여 모양을 예쁘게 잡아주세요.

3 얼룩무늬 체크원단 2장을 겉끼리 맞댄 후, 시접 0.5cm를 두고 박음질합니다. 한쪽면에 가위집을 내어 창구멍을 만들어주고 뒤집어줍니다.

4 동일한 방법으로 총 3개의 얼룩무늬를 만들어주세요.

Step 03 ; 몸체 만들기

1 몸판 타월원단의 겉면에 만들어놓은 다리와 꼬리용 면 끈을 시침핀으로 고정시킵니다.

2 그 위에 남은 몸판 원단을 올려놓고,

3 창구멍을 제외한 가장자리 전체를 시접 0.5cm를 두고 박음질합니다.

4 창구멍으로 뒤집어줍니다.

소 짱 구 베 개

이 부분은 솜이 들어가지 않아요.

5 밑에서 5cm 정도 올라온 지점에 지름 8cm 원을 그려주고, 앞 뒤 2겹을 한꺼번에 홈질합니다.

솜을 풀어가면서 넣어줘야 골고루 예쁘게 들어가요.

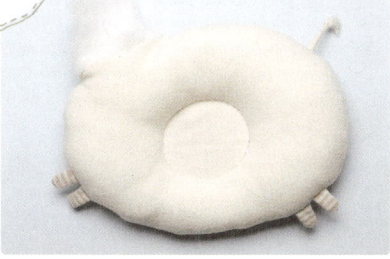
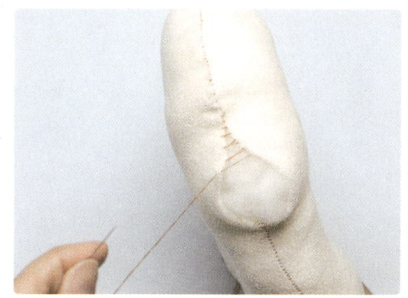

6 창구멍을 통해 솜을 골고루 넣어준 후,

7 공그르기해 창구멍을 막아줍니다.

Step 04 ; 몸판 & 소 머리 연결하기

1 만들어 놓은 얼룩무늬를 몸판 꼬리 쪽의 적당한 위치에 공그르기 또는 감침질로 연결합니다.

2 몸판에 만들어 놓은 소 머리를 공그르기로 연결해 완성합니다.

양짱구 베개

**쌔근쌔근~ 쿨쿨~
순둥이 양짱구베개**

아기가 밤새 잠을 못자고 울고 있나요? 양 한마리 양 두마리~ 꿈나라로 가는 주문을 외워봅니다.
순한 양의 모습이 아기의 티없는 표정과 참 많이 닮았습니다.
금새 쌔근쌔근 잠드는 아기모습이 상상만 해도 너무 예쁩니다.

How to make

재료

- **사이즈** : 30cm×25cm

몸판 아이보리원단
(35cm×25cm 2장)

· 뿔용(10cm×10cm 2장)
· 꼬리용 (6cm×6cm)

솜

재단하기

도안대로 그린 후 재단합니다.

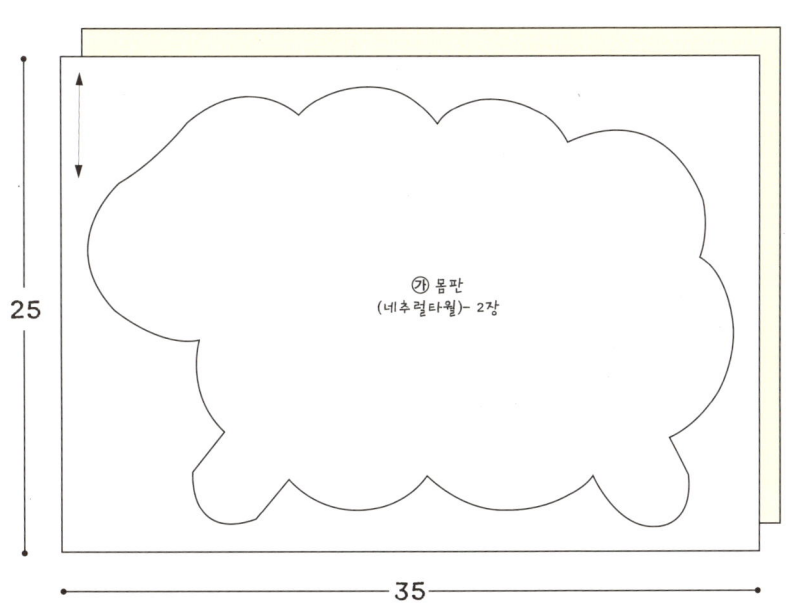
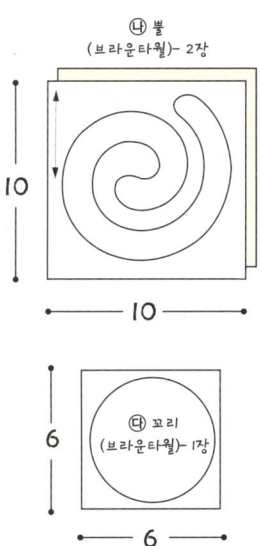

Step 01 ; 몸체 만들기

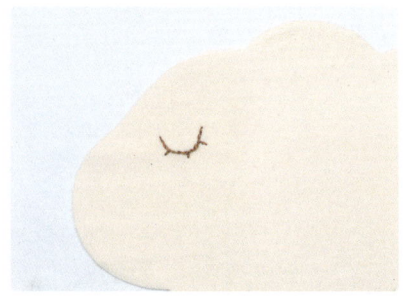

1 몸판 타월원단의 겉면에 눈을 수성펜으로 그린 후, 아웃라인 스티치로 수 놓아줍니다.

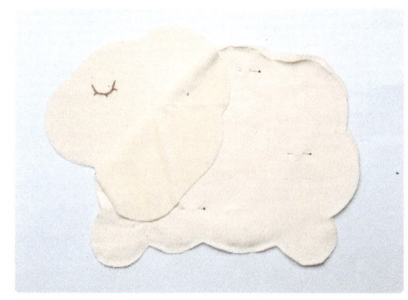

2 몸판 타월원단 두 장을 겉끼리 맞대고,

3 창구멍을 제외한 가장자리 전체를 0.5cm 시접을 두고 박음질합니다.

4 뒤집었을 때 모양이 잘 살도록 곡선부분에 가위집을 내줍니다.

5 창구멍으로 뒤집어줍니다.

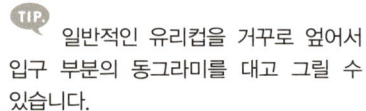

TIP. 일반적인 유리컵을 거꾸로 엎어서 입구 부분의 동그라미를 대고 그릴 수 있습니다.

6 밑에서 5cm 정도 올라온 지점에 지름 8cm 원을 그려주고,

이 부분은 솜이 들어가지 않는 부분이에요.

7 앞 뒤 2겹을 원 모양으로 한꺼번에 홈질합니다.

양짱구 베개

솜을 풀어가면서 발 끝부터 넣어야 골고루 예쁘게 들어가요.

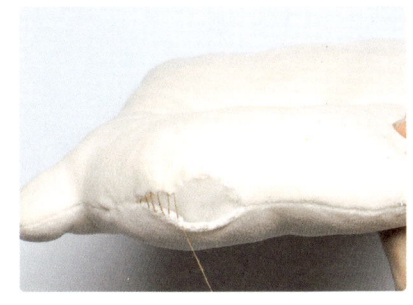

8 창구멍을 통해 솜을 골고루 넣어준 후,

9 창구멍을 공그르기로 막아줍니다.

Step 02 ; 꼬리방울 & 뿔 만들기

1 꼬리용 타월원단의 가장자리를 홈질하고, 홈질한 실을 당겨 동그랗게 오므려가면서 솜을 넣어 방울 모양을 만들어줍니다.

2 뿔용 타월원단 두 장을 겉끼리 맞대고, 시침핀으로 고정시킵니다.

3 창구멍을 제외한 가장자리를 0.3cm 시접을 두고 박음질합니다.

나무젓가락으로 막힌 끝을 밀어가면서 빼내어 잡아 당긴 후 뒤집으면 수월하게 뺄 수 있습니다.

4 나무젓가락과 같이 기다란 도구를 이용해 뒤집어 준 후,

5 창구멍을 공그르기로 막아줍니다.

Step 03 ; 연결하여 마무리하기

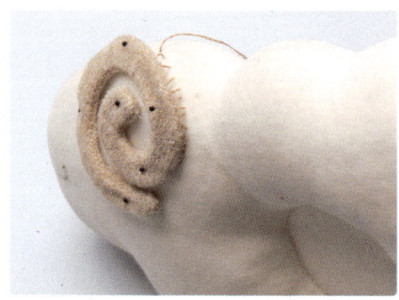 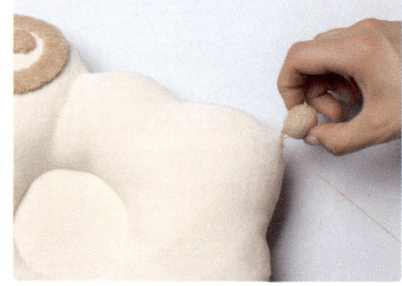

1 머리 옆쪽에 뿔과 뒤쪽에 꼬리를 공그르기로 달아줍니다.

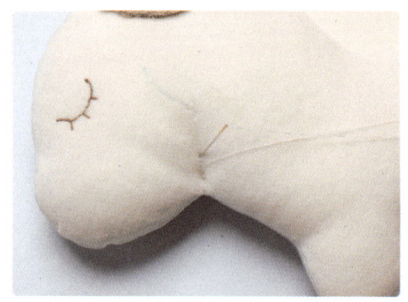  

2 얼굴과 몸통 분리선을 솜과 함께 앞뒤 한꺼번에 홈질하여 완성합니다.

기본 장식 스티치

① 러닝 스티치
러닝 스티치는 이른바 홈질과 동일합니다. 보통 장식에 많이 쓰입니다.

② 아웃트라인 스티치
선을 나타낼 때 쓰는 바느질로, 동물의 입을 표현할 때 주로 쓰입니다. 실을 뺀 자리에서 오른쪽으로 가서 비스듬히 한 땀 뜨고 그 길이의 1/2되는 지점으로 바늘을 빼줍니다. 같은 방법으로 반복합니다.

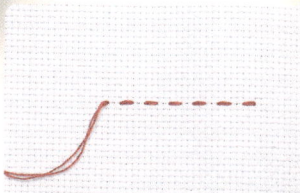

③ 프렌치너트 스티치
씨앗수라고도 하며 인형의 작은 눈 등을 표현할 때 쓰입니다. 실을 바늘에 2~3회 감고 한쪽 손으로 바늘에 감긴 실을 고정하면서 바늘을 처음에 나왔던 곳 바로 꽂아 넣어주세요.

④ 새틴 스티치
수성펜으로 원하는 모양을 그린 후 바늘로 한 땀 뜨고 바로 옆자리에 바늘을 꽂아 반복하여 면을 채워나가는 수법입니다.

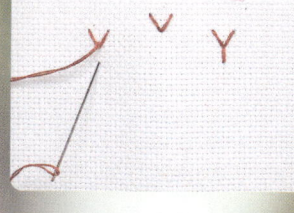

⑤ 곰돌이 입 스티치
주로 입을 표현할 때 씁니다. 왼쪽에서 오른쪽으로 한 땀 뜨고 그 땀 중앙으로 바늘을 다시 뺀 다음 아래로 길이만큼 한 땀 떠줍니다.

랑이 짱구베개

**어흥~~
위풍당당 아기호랑이~**

이제 잠에서 슬슬 깨어날 시간일까요? 아기호랑이 모습이 위엄있으면서도 당차보입니다. 누빔소재의 원단을 사용하여 촉감이 부드러울 뿐만 아니라 털 날림 걱정이 없어 좋습니다. 귀여운 아기호랑이와 포근한 사랑에 빠져보세요.

How to make

재료

· 몸판(앞) 누비원단
(35cm×30cm)
· 몸판(뒤) 도트원단
(35cm×30cm)

펠트원단(무늬)
35cm×35cm
(브라운 색감)

진브라운 눈이랑 코 펠트
원단 (5cm×5cm)

입주위 타월원단
(10cm×7cm 2장)

재단하기

도안대로 그린 후 재단합니다.

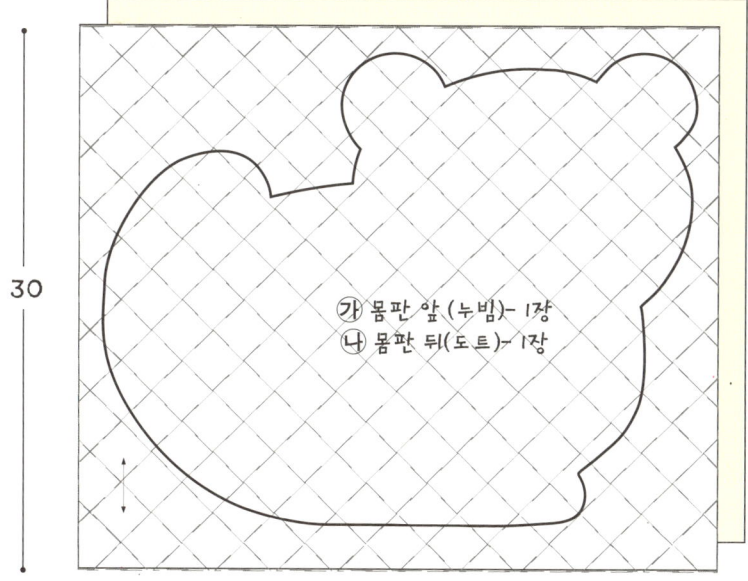

가 몸판 앞(누빔)-1장
나 몸판 뒤(도트)-1장

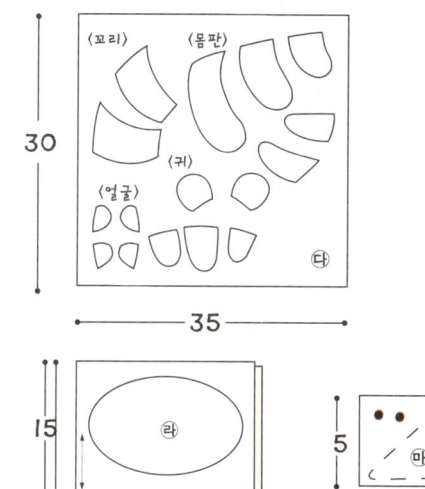

※ 무늬 부분은 펠트원단 대신 유기농 무지브라운 또는 스트라이프 원단을 사용할 수 있습니다.

다 무늬(갈색펠트) - 꼬리 2장, 몸판 5장, 귀 2장, 얼굴 7장
라 입주위(네추럴타월) - 2장
마 눈&코(진갈색펠트) - 2장

Step 01 : 몸체만들기

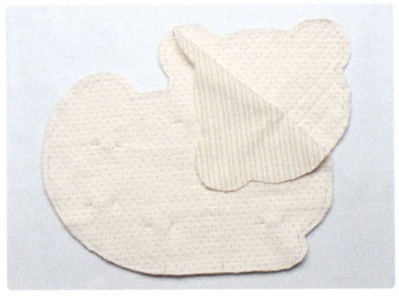

1 몸판 원단을 겉면끼리 맞대고 시침질 또는 시침핀으로 고정시킨 후,

2 창구멍을 제외하고 0.5cm 시접을 두고 박음질합니다.

3 곡선 부분에 가위집을 내줍니다.

4 창구멍으로 뒤집어줍니다.

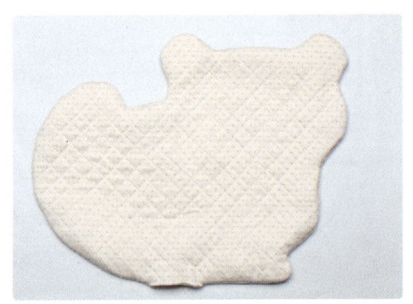

5 원 위치에 지름 8cm 원을 그려주고 앞뒤 2겹을 한꺼번에 홈질합니다. (이부분은 솜이 들어가지 않습니다)

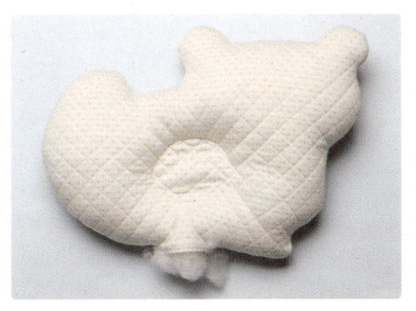

솜을 풀어가면서 발 끝 귀끝부터 넣어주어야 골고루 예쁘게 들어갑니다.

6 솜을 넣고 창구멍은 공그르기하여 막아줍니다.

Step 02 ; 스티치넣기

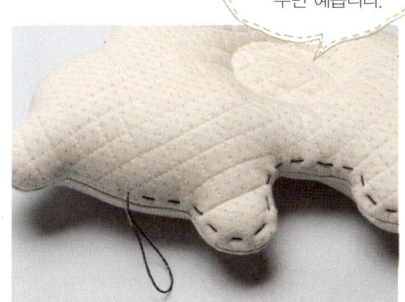

바늘땀 간격은 0.7cm 정도로 실 3~4겹정도 사용해서 홈질해 주면 예쁩니다.

1 수성펜으로 홈질할 테두리 주변을 그려줍니다.

2 테두리에서 0.7cm 안으로 들어와 홈질합니다.

Step 03 ; 입주위 만들기

1 도안대로 재단한 입주위 원단을 겉끼리 맞댄 후,

2 0.5cm 시접을 두고 박음질합니다. (창구멍은 남기지 않습니다)

3 원단 한쪽면만 가위로 조금 잘라 창구멍을 만들어준 뒤 뒤집어줍니다.

Step 04 ; 모양 넣기

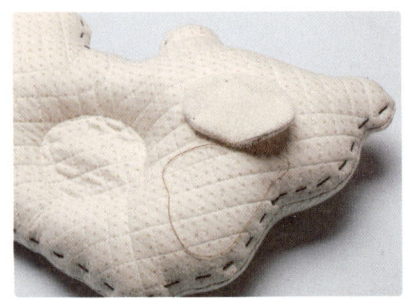 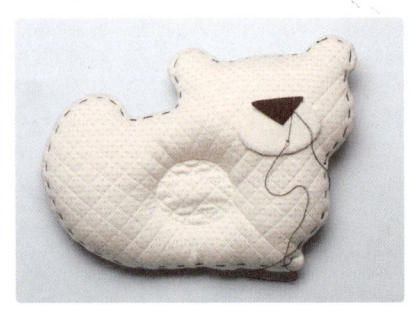 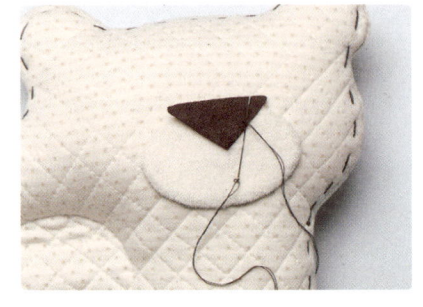

1 몸판 입주위 위치에 완성된 원단을 공그르기로 달아줍니다.

2 삼각형 코, 눈, 무늬를 모두 감침질로 연결하고,

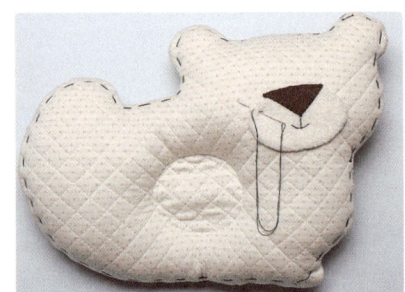 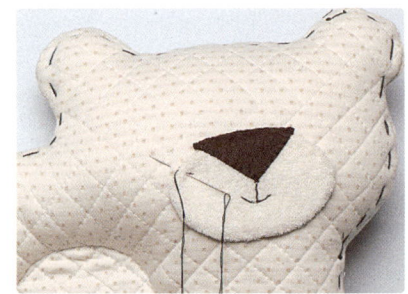

3 수염과 입과 얼룩무늬를 모양대로 박음질합니다.

누비원단 만들기

시중에서 판매하는 누비감을 사용하는 경우에는 패턴 그대로 재단합니다.
손으로 직접 누빌 때는 패턴보다 약간 크게 재단합니다.
원단은 땀을 잘 흡수하는 저지 면이나 부드러운 소재로 준비합니다.

1 재단한 겉감과 안감을 안쪽끼리 맞대고 둘레를 시침한 후
2 수성팬을 이용하여 1~1.5cm 폭으로 사선 바둑판무늬로 선을 그려줍니다.
3 중앙선 한줄을 먼저 세네 땀씩 손으로 홈질 또는 재봉틀로 스티치합니다.
4 중앙 한 줄을 바느질했으면 중앙에서 바깥쪽으로 한줄씩 스티치합니다.

TIP. 중앙부터 바깥쪽으로 스티치 해주어야 원단이 울지않고 예쁩니다

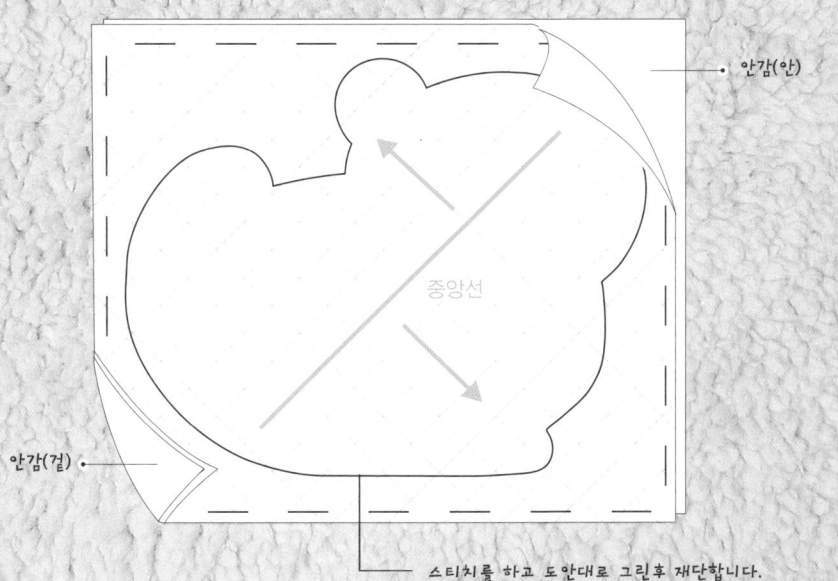

안감(안)

중앙선

안감(겉)

스티치를 하고 도안대로 그린후 재단합니다.

우리 아기의 포근한 방 꾸미기~

아기의 방문 또는 침대의 머리맡에 걸어두면 예쁜 베이비리스입니다.

해님, 달님, 별님, 구름 등 하늘 세상의 친구들이 아기의 좋은 친구가 되어줄거에요! 인형 안에 솜과 함께 딸랑이나 삑삑이, 또는 사탕 비닐을 넣어주세요. 모빌대에 걸어 모빌로 사용할 수 있고, 아기가 조금 컸을 때 가지고 노는 촉감 장난감으로도 그만이랍니다.

베이비리스&모빌

How to make

재료

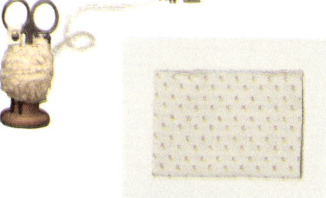

도트원단
(13cm×13cm) 2장

타월원단
(브라운, 네추럴, 아이보리)
(13cm×13cm) 2장

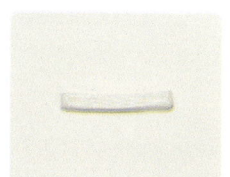

· 스트라이프 원단(가는것, 굵은 것) (6cm×6cm 2장)
· 달, 모자는 여러가지 원단(혼합) (6cm×6cm 2장)

면 끈

TIP. 신생아 시기에는 모빌대에 걸어 모빌로 사용하거나 소리도구를 넣어 놀이감으로 사용할 수 있습니다.

재단하기

도안대로 그린 후 재단합니다.

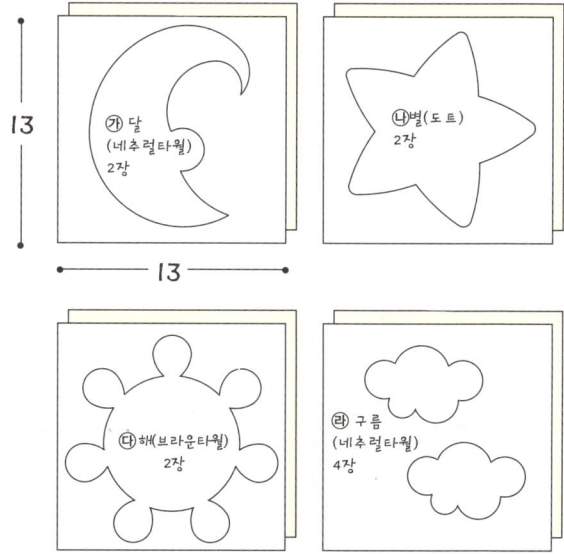

㉮ 달 (네추럴타월) 2장 — 13×13

㉯ 별(도트) 2장

㉰ 해(브라운타월) 2장

㉱ 구름 (네추럴타월) 4장

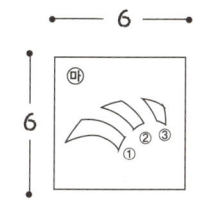
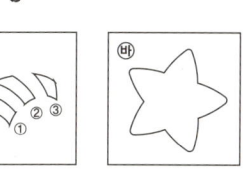

6×6

㉲ 달무늬(스트라이프 등) ①②③ 각 1장씩
㉳ 별무늬(스트라이프)-1장
㉴ 해무늬(스트라이프)-1장

Step 01 ; 구름 만들기

1 구름 원단 두 장을 겉끼리 맞댄 후,

2 창구멍을 제외하고 시접 0.5cm를 두고 박음질합니다.

3 곡선 부분에는 가위집을 내주세요.

4 뒤집은 후 솜을 폭신하게 넣어주고,

5 창구멍을 공그르기로 막아줍니다.

Step 02 ; 달 만들기

1 달 원단 한 장의 겉면에 모자무늬 원단 3개를 도안 위치에 놓고 홈질로 연결합니다.

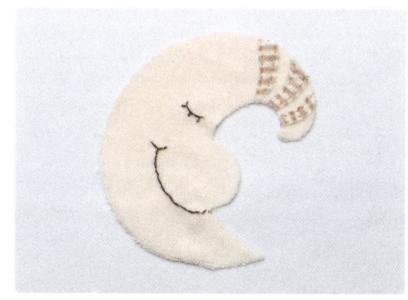

2 갈색 수실을 사용하여 아우트라인 스티치로 눈과 입을 수놓아줍니다.

3 달 원단 두 장을 겉끼리 맞대고,

4 창구멍을 제외하고 시접 0.5cm를 두고 박음질합니다.

5 곡선 부분에는 가위집을 내준 후, 창구멍으로 뒤집어줍니다.

6 솜과 딸랑이를 넣고 창구멍을 공그르기로 막아줍니다.

Step 03 ; 별, 해 만들기

1 큰 별 원단 위에 작은 별 무늬 원단을 올려놓고 감침질로 고정시킵니다.

2 별 원단 두 장을 겉끼리 맞대고 창구멍을 제외하고 시접 0.5cm를 두고 박음질합니다.

3 곡선 부분에는 가위집을 내주세요.

4 창구멍을 통해 뒤집어 준 후

5 솜과 삑삑이 또는 딸랑이를 넣고 창구멍을 공그르기로 막아줍니다.

> 뒤집을 때 뽀족한 모서리 부분은 바늘로 끝까지 빼주어야 예뻐요.

6 해 역시 별과 동일한 방법으로 만들어주세요.

Step 04 ; 연결하기

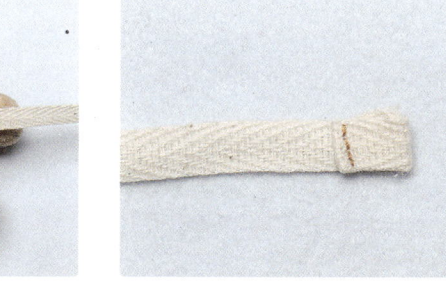

1 해 중심과 끈의 중심을 맞춘 뒤 세로로 박음질합니다.

2 끈의 양 끝은 올이 풀리는 것을 방지하기 위해 두 번 접어 박음질해주세요.

앞

뒤

3 해 양쪽으로 11cm 간격을 두고 구름, 달, 별을 끈 위에 박음질로 연결하여 완성합니다.

story 04

- 딸랑이
- 몽이인형
- 애벌레인형
- 소프트볼
- 앨리인형

Sewing diary #4

나랑놀자 난 널 사랑해!

인형을 만들다 한참 혼자 웃는다.

팔한쪽에 솜을 넣다 웃고 다리를 거꾸로 달아 웃고,,

하나하나 꼭 내 자식들같다.

이 정도면 온 정신이 아니라고 하겠지만...

이번에는 어떤표정의 어떤인형이 탄생할지

가슴이 콩딱콩딱 뛴다.

설레인다.

인형을 만들때만큼 어린아이처럼 순수해진다.

오로지 세상에 너와 나 둘뿐!

몽이 허니 앨리 밀키 조이 샤이 랑이 허그미 !

내 사랑을 받아줘~

딸랑이

**딸랑딸랑~
소리 나는 동물삼총사**

신생아 시기에는 엄마가 흔들어주고, 아기가 물건을 손에 쥘 수 있을 때쯤 되면 스스로 잡고 놀기 좋은 딸랑이 동물 삼총사랍니다. 유치가 발달하는 시기에 물고 빠는 치아발기 인형으로도 손색이 없어요. 한 가지 패턴으로 귀와 표정만 응용해도 곰돌이, 토끼, 돼지를 모두 만들 수 있어 쉽고 간단하게 아이의 장난감을 만들어 줄 수 있답니다.

How to make

재료
※ 재료 3개세트 기준

몸판원단
(40cm×15cm 2장)

브라운 타월원단
(12cm×12cm 2장)

리본 (1m)

솜 100g

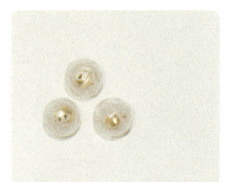
딸랑이

재단하기
몸판원단 두장을 겉끼리 맞대고 도안대로 그린 후 재단합니다.

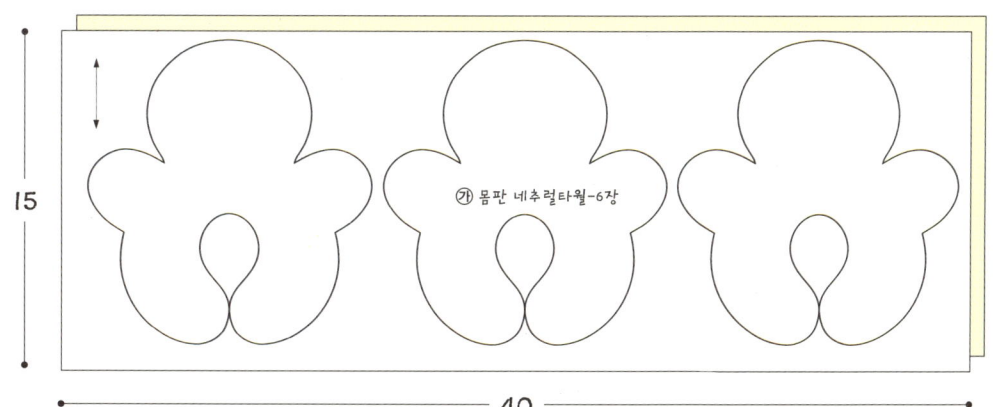
㉮ 몸판 네추럴타월-6장

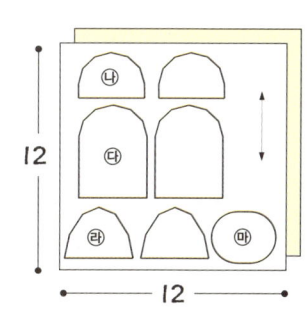

㉯ 곰돌이 귀(브라운타월)-4장
㉰ 토　끼 귀(브라운타월)-4장
㉱ 돼　지 귀(브라운타월)-4장
㉲ 돼　지 코(브라운타월)-2장

Step 01 ; 귀&코 만들기

> 토끼 귀는 중심쪽으로 말아서 밑면을 홈질로 고정시켜주세요.

토끼   곰돌이   돼지

1 토끼, 곰돌이, 돼지의 귀는 모두 2장씩 겉끼리 맞대고 밑면을 제외한 가장자리 부분을 0.5cm 시접을 두고 박음질한 후 뒤집어줍니다. 같은 방법으로 나머지 한 쪽을 만들어줍니다. 각 두 개씩 만들어주세요.

 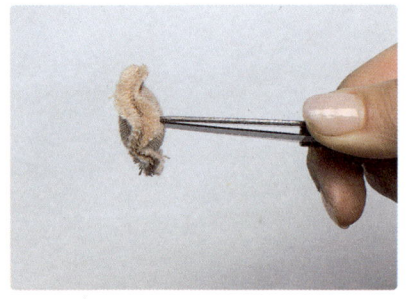 

2 돼지 코는 밤색 타월원단 2장을 겉끼리 맞댄 후 시접 0.5cm를 두고 박음질합니다.

3 한 쪽면에 가위집을 내어 창구멍을 만들어줍니다.

4 뒤집은 후 진한 갈색실로 한 땀씩 홈질하여 콧구멍을 만들어주세요.

Step 02 ; 표정&몸판 만들기

1 몸판의 겉면에 인형 각각의 표정을 도안대로 그린 후, 스티치 방법대로 갈색실로 수놓아줍니다.

2 몸판 위에 만들어 놓은 귀를 올려놓고 홈질로 고정시켜줍니다.

3 귀를 고정시킨 몸판 위에 남은 몸판 타월원단을 겉끼리 맞댄 후, 창구멍을 제외하고 0.5cm 시접을 두고 박음질 합니다. 곡선 부분에는 가위집을 내준 후 창구멍으로 뒤집어줍니다.

4 창구멍으로 뒤집은 후 솜과 딸랑이를 넣어줍니다.

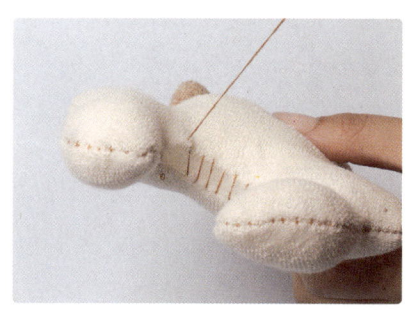

5 창구멍을 공그르기로 막아줍니다.

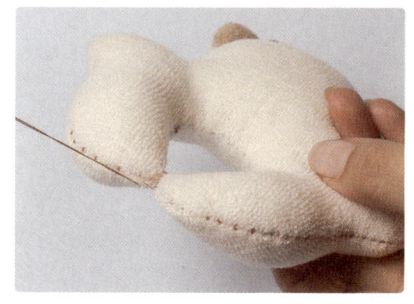

6 몸판의 발 부분도 공그르기로 연결합니다.

7 돼지 코를 공그르기로 달아주고,

8 목 부분에 리본을 묶어 완성합니다.

몽이인형

몽이의 가족 나들이~

아기뿐만 아니라 어른까지 모두에게 사랑받는 말캉말캉 부드러운 스쿠스쿠 몽이 인형. 엄마, 아빠, 아기 몽이를 통해 따뜻한 가족의 사랑을 느껴보세요. 특히 큰 사이즈인 엄마, 아빠 몽이는 데굴데굴 구르며 잠을 자는 아이에게 뒤집기 방지용으로도 안성맞춤이에요. 손끝 발끝에 삑삑이를 넣어주면 아기에게 재미있는 놀이감도 된답니다.

How to make

재료

스트라이프원단
(30cm×16cm) 2장

브라운단면타월원단
① 얼굴(25cm×12cm) 2장
② 꼬리(4cm×16cm) 2장

네추럴단면타월원단
(20cm×15cm) 1장

솜 100g

펠트원단 조금

재단하기

도안대로 그린 후 재단합니다. L사이즈는 180% 확대해서 사용합니다. (Large 꼬리 사이즈는 5.5×25cm)

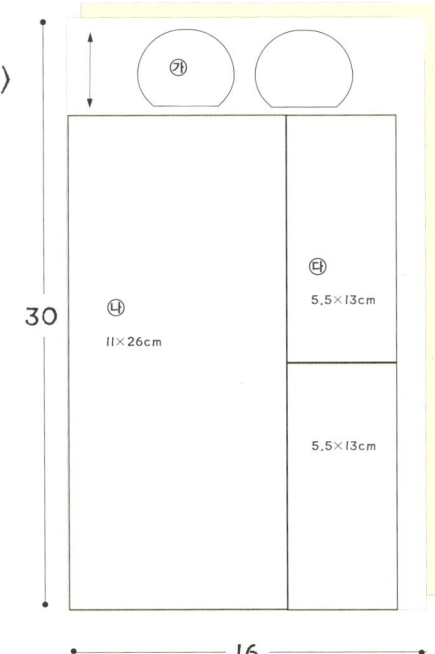

⟨Small⟩

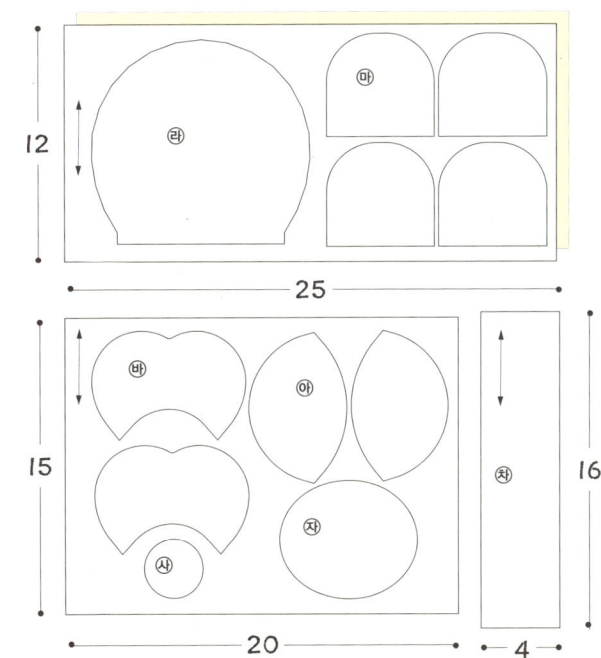

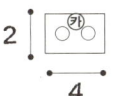

㉮ 귀(스트라이프)-4장 ㉯ 몸통(스트라이프)-2장 ㉰ 팔(스트라이프)-4장 ㉱ 얼굴(브라운타월)-2장
㉲ 손&발(브라운타월)-8장 ㉳ 눈(네추럴타월)-2장 ㉴ 코(네추럴타월)-1장 ㉵ 입(앞)(네추럴타월)-2장(대칭)
㉶ 입(뒤)(네추럴타월)-1장 ㉷ 꼬리(브라운타월)-1장 ㉸ 눈동자(펠트)-2장

Step 01 ; 귀, 코 만들기

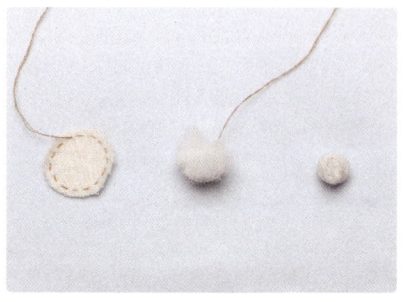

귀는 총 2개 만들어주세요.

1 귀 원단 두 장을 겉끼리 맞댄 후, 옆면을 제외한 곡선 부분을 시접 0.5cm를 두고 박음질한 후 뒤집어줍니다.

2 코 원단의 가장자리를 홈질하고, 홈질한 실을 당겨 동그랗게 오므려가면서 솜을 넣어 방울 모양을 만들어줍니다.

Step 02 ; 눈 주위, 입 주위 만들기

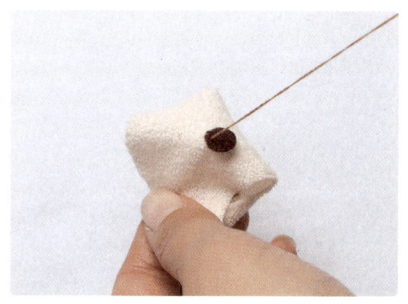

1 눈 주위 원단의 겉면에 눈동자 펠트원단을 감침질합니다.

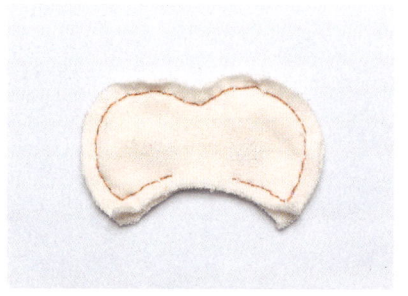
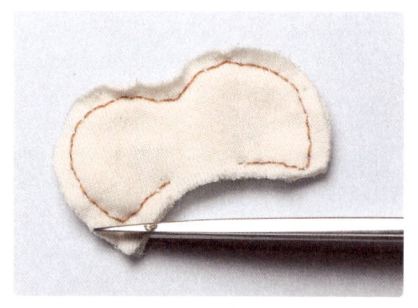

2 다른 한 장의 눈 주위 원단과 겉끼리 맞대고, 창구멍을 제외하고 시접 0.5cm를 두고 박음질합니다.

3 모서리 시접을 대각선으로 잘라 정리합니다.

바늘을 이용해 뾰족한 부분을 빼내 모양을 예쁘게 잡아주세요.

4 뒤집은 후 창구멍은 공그르기로 막아줍니다.

5 입 주위의 좌우원단 두 장을 겉끼리 맞대고, 입 위에서 아래까지 곡선부분을 시접 0.5cm를 두고 박음질합니다.

6 연결된 원단을 펼쳐주면 입 앞면이 완성됩니다.

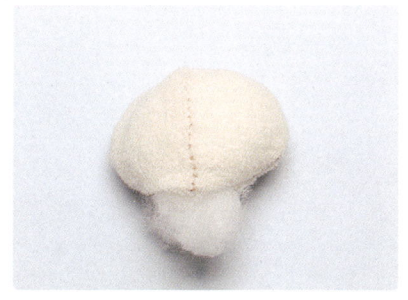

7 앞에서 완성한 앞면 원단과 뒷면 원단을 겉끼리 맞대고, 창구멍을 제외한 입 둘레를 시접 0.5cm를 두고 박음질합니다.

8 창구멍으로 뒤집은 후 솜을 넣고, 창구멍을 공그르기로 막아줍니다.

9 입 모양을 수성펜으로 그린 후, 빨간색 수실을 이용해 아우트라인스티치로 수 놓아줍니다. (매듭은 입 뒤쪽면에서 처리합니다)

10 만들어 놓은 코를 공그르기로 달아줍니다.

Step 02 ; 꼬리 만들기

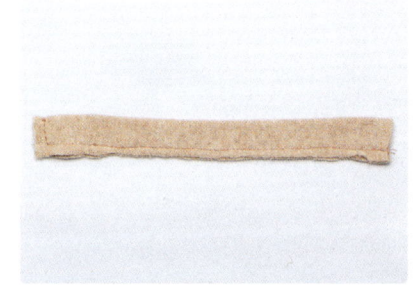

1 꼬리 원단을 겉끼리 마주보도록 길게 반으로 접은 후, 한쪽 짧은 면을 제외하고 2면을 시접 0.5cm를 두고 박음질합니다.

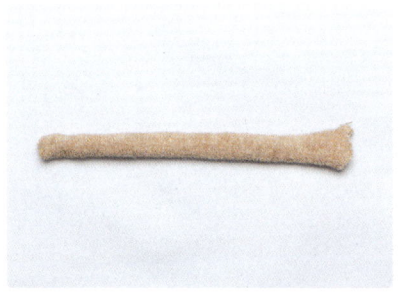

2 나무젓가락과 같은 기다란 도구로 막힌 끝부분을 밀어내며 뒤집어줍니다.

3 창구멍은 공그르기로 막아준 후

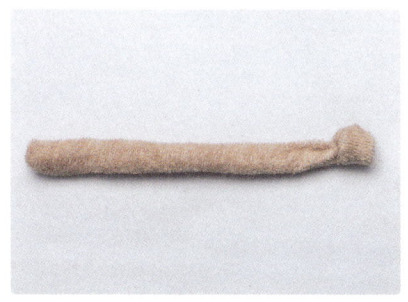

4 창구멍 쪽 끝부분을 한 번 묶어 꼬리를 완성합니다.

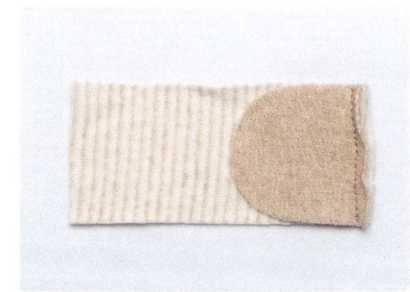

5 팔 원단의 하단에 손 원단의 상단을 겉끼리 맞대고 시접 0.7cm를 두고 박음질합니다. 반대쪽 팔 원단 역시 동일한 방법으로 만들어주세요. 팔원단 아랫단과 손원단 윗단을 겉끼리 맞대고 0.5cm 시접을 두고 박음질합니다.

Step 04 ; 몸판 만들기

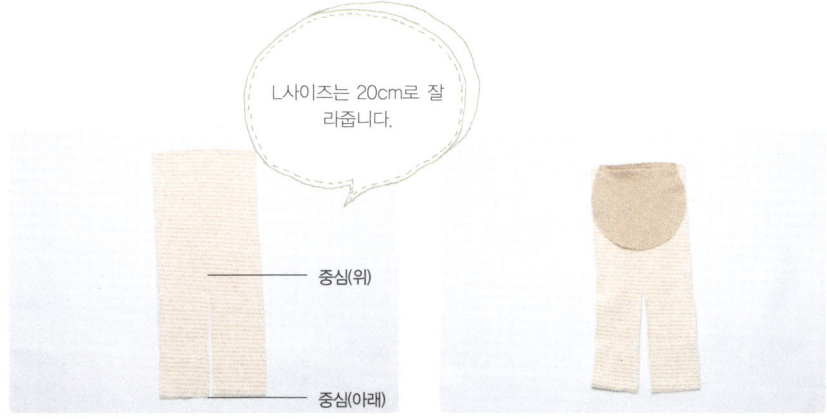

L사이즈는 20cm로 잘라줍니다.

— 중심(위)
— 중심(아래)

1 몸판원단 중심 위 아래 11cm를 가로로 잘라 만들어줍니다.

2 몸판원단 윗단과 얼굴원단의 아랫단을 겉끼리 맞대고 0.5cm 시접을 두고 박음질합니다.

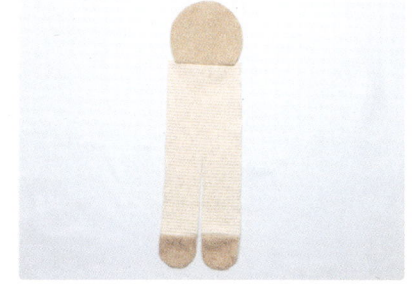

3 몸판 원단의 아랫단과 양쪽 발원단의 윗단을 겉끼리 맞대고 0.5cm 시접을 두고 박음질합니다.

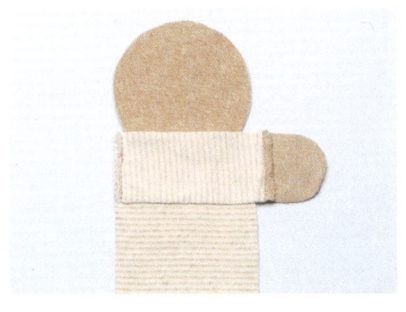
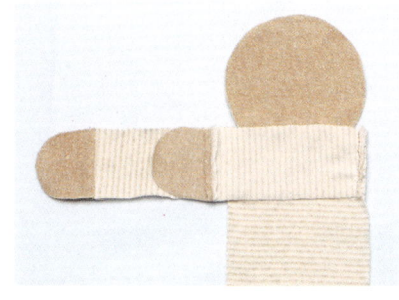
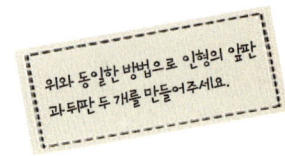

4 몸판에 만들어놓은 팔을 목선에 맞추어 놓은 뒤 위치시킨 후 시접 0.3cm를 두고 박음질합니다. 반대쪽 팔 역시 동일한 방법으로 연결해주세요.

위와 동일한 방법으로 인형의 앞판과 뒤판 두 개를 만들어주세요.

Step 05 ; 앞판과 뒤판 연결하기

1 몸판의 얼굴 부분에 만들어놓은 양쪽 귀를 홈질로 고정시켜줍니다.

2 몸판의 앞판과 뒤판을 겉끼리 마주보게 놓고,

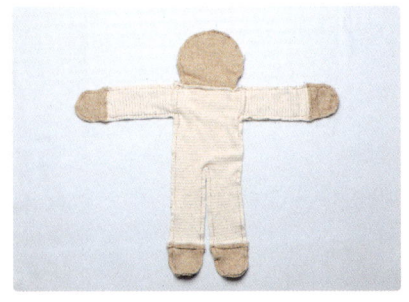
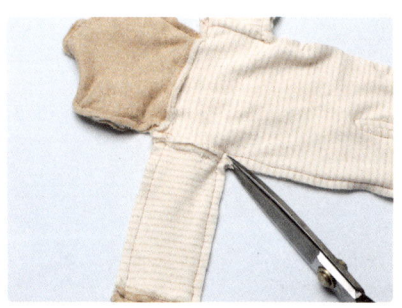

3 옆구리 쪽 창구멍(7cm)을 제외하고 박음질합니다. (L사이즈는 창구멍 12cm를 남깁니다)

4 겨드랑이 부분에 가위집을 내주고,

5 창구멍으로 뒤집어줍니다.

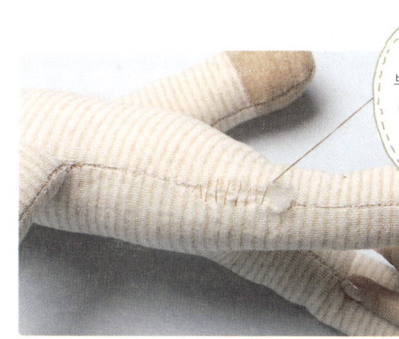

솜은 풀어가면서 손끝과 발끝부터 넣어야 골고루 예쁘게 들어가요. 손에 삑삑이를 넣어 소리 나게 만들 수도 있어요.

6 솜을 넣은 후 창구멍을 공그르기로 막아줍니다.

Step 06 ; 눈, 코, 꼬리 달기

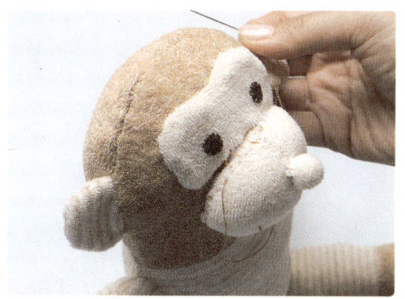

1 만들어놓은 눈 주위를 얼굴의 적당한 위치에 놓고 감침질로 연결합니다.

2 입 주위를 역시 얼굴의 적당한 위치에 놓고 감침질하고,

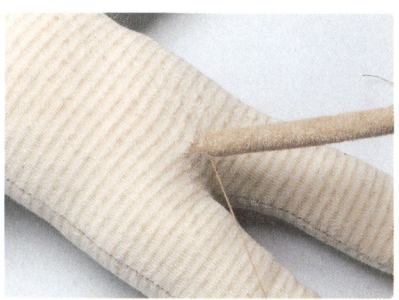

3 꼬리 역시 몸판의 뒤쪽 적당한 위치에 놓고 감침질로 연결합니다.

✻ 허니인형 만들기

저는 몽이친구 '허니'입니다. 이름부터가 무척이나 사랑스럽죠.
몽이와 다른 저의 매력은 짧은 목과 H라인 몸매예요.
자~~ 지금부터 저의 매력속으로 빠져보세요.

01. 준비

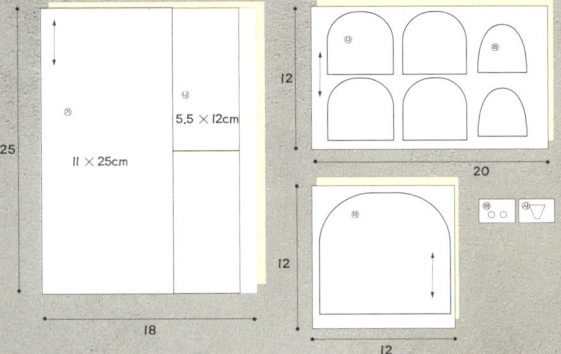

㉠ 몸통(스트라이프)-2장
㉡ 팔(스트라이프)-4장
㉢ 손&발(브라운타월)-8장
㉣ 귀(타월)-4장
㉤ 얼굴(네추럴타월)-2장
㉥ 눈(진갈색펠트)-2장
㉦ 코(하늘색펠트)-1장

※ Large 사이즈 는 Small 사이즈 도 안을 180% 확대해서 사용합니다.

02. 표정만들기

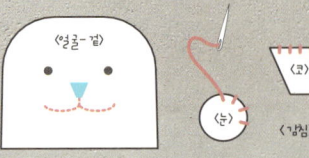

눈 & 코 : 얼굴원단 위에 위치를 잡아 감침질로 재단된
각각의 펠트원단을 연결합니다.
입 : 장식실 2~3줄로 박음질하여 수놓아 줍니다.

03. 몸통원단

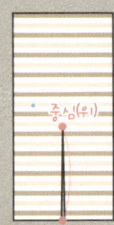

Large : 20cm
Small : 10cm

〈몸통〉원단 중심 위~아래 (L : 20cm,
S:10cm)를 가로로 잘라줍니다.

04. 목선&발목 연결하기

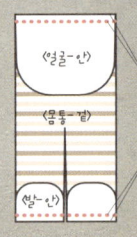

① 목선 :
〈몸통〉원단 윗단과
〈얼굴〉원단의 아랫단을
겉끼리 맞대고 0.5cm
시접을 두고 박음질합니다.

② 발목 :
〈몸통〉원단 밑단과 양쪽
〈발〉원단의 윗단을 겉끼리
맞대고 0.5cm 시접을 두고
박음질합니다.

05. 손목 연결하기

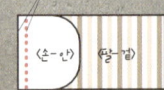

손목 :
〈팔〉원단 아랫단과 〈손〉원단 윗단을
겉끼리 맞대고 0.5cm 시접을 두고
박음질합니다.

Laundry

바르게 세탁해야 예쁘게 사용하실 수 있습니다.

- 30~40도C의 미지근한 물에 제품만 따로 담구어 세탁해 주세요.
- 염소, 산소계 표백제 등의 화학세제를 피해주시고, 천연세제나 유아용 세제를 사용해 주세요.
  천연 오가닉코튼의 경우, 자연의 유색 연미기 때문에 표백제가 들어가는 합성세제를 이용하면 변색, 탈색 됩니다.
- 절대 삶지 마시고, 미지근한 물에 조물조물 손세탁하시기를 권장합니다.
  만약 기계세탁이 불가피 하다면, 평상보다 세제를 조금 넣어주신 후 꼭 망에 넣어 울코스로 세탁하세요.
- 건조 절대 기계탈수 하지 마시고, 손으로 꼭꼭 눌러 대강의 물기를 제거한 후 마른 타올 위에 올려 나머지 물기를 제거하세요.
  그 다음 손으로 솜의 위치를 잡아가면서 그늘에 뉘어 말리시면 됩니다. (기계탈수 시에는 솜 뭉침 현상이 발생할 수 있습니다.)
  직사광선에 장시간 노출시에는 변색이 일어날 수 있으므로 장시간의 노출은 피해주세요.
- 천연 오가닉코튼인 경우, 특성상 세탁후 약간의 수축현상이 있을 수 있습니다.

06. 팔 연결하기

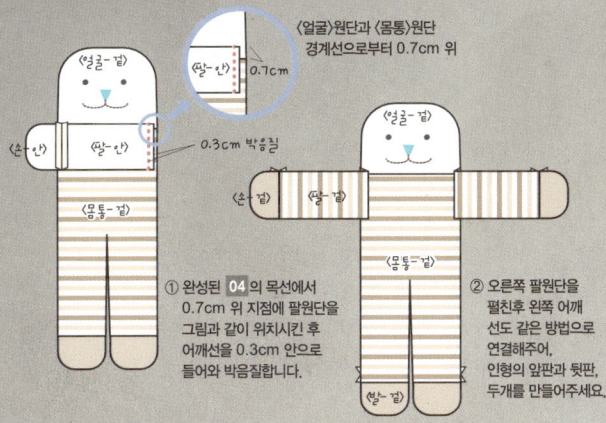

① 완성된 04 의 목선에서 0.7cm 위 지점에 팔원단을 그림과 같이 위치시킨 후 어깨선을 0.3cm 안으로 들어와 박음질합니다.

② 오른쪽 팔원단을 펼친후 왼쪽 어깨선도 같은 방법으로 연결해주어, 인형의 앞판과 뒷판, 두개를 만들어주세요.

07. 귀 만들기

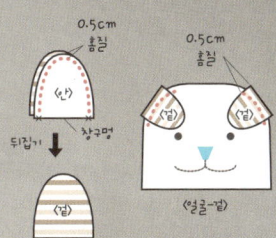

〈귀〉원단을 겉끼리 맞댄 다음 창구멍을 제외하고 0.5cm 안으로 들어와 홈질하고 뒤집어줍니다.
인형 앞쪽 원단 〈얼굴〉겉면에 그림과 같이 귀를 홈질 하거나 시침핀으로 고정하세요.

TIP. Large는 귀를 얼굴에 고정하기 전 솜을 약간 넣어주시면 예뻐요.

08. 앞뒤판 연결하기

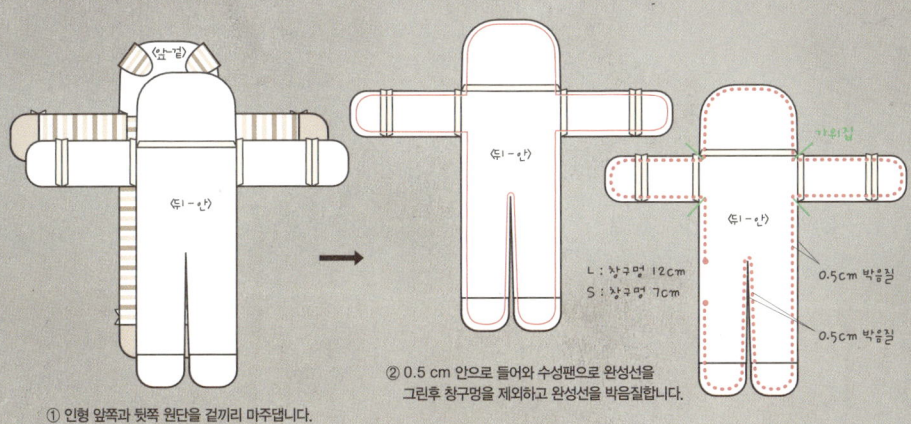

① 인형 앞쪽과 뒷쪽 원단을 겉끼리 마주댑니다.

② 0.5 cm 안으로 들어와 수성팬으로 완성선을 그린후 창구멍을 제외하고 완성선을 박음질합니다.

L : 창구멍 12cm
S : 창구멍 7cm

09. 완성하기

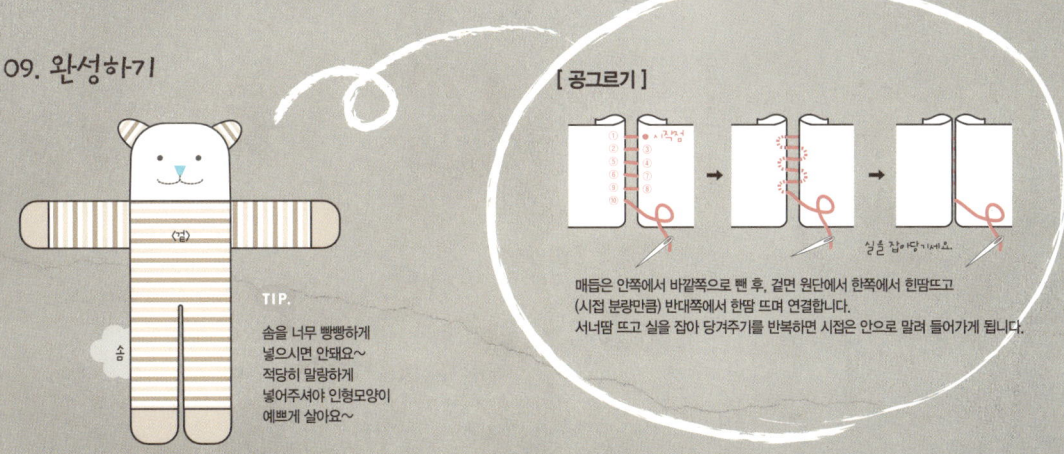

TIP. 솜을 너무 빵빵하게 넣으시면 안돼요~ 적당히 말랑하게 넣어주셔야 인형모양이 예쁘게 살아요~

뒤집은 후 창구멍에 솜을 넣고 공그르기하여 마무리 합니다.
(솜 양 L: 300g / S: 80g)

[공그르기]

매듭은 안쪽에서 바깥쪽으로 뺀 후, 겉면 원단에서 한쪽에서 한땀뜨고 (시접 분량만큼) 반대쪽에서 한땀 뜨며 연결합니다.
서너땀 뜨고 실을 잡아 당겨주기를 반복하면 시접은 안으로 말려 들어가게 됩니다.

애벌레인형

교육용 장난감 애벌레 인형~

긴 스틱의 양쪽에 벨크로 테이프가 붙어있어 링을 만들고, 링을 애벌레의 몸통에 끼워 완성하는 과정에서 아기의 소근육과 지능이 발달합니다. 링 안에 딸랑이나 삑삑이 등을 넣어 촉감인형으로 활용할 수도 있어요. 무엇이든 입으로 가져가는 아기들이 사용하는 장난감이므로 친환경적인 유기농 원단을 사용하는게 좋아요!

How to make

재료

몸판, 더듬이
네추럴 타월원단
(30cm×15cm 2장)

링- 도트 원단
(5cm×28cm 1장)

링- 스트라이프원단
(5cm×28cm 1장)

링- 브라운 타월원단
(5cm×28cm 2장)

삐삐이 · 딸랑이

솜 100g

벨크로 테이프 약간

재단하기

도안대로 그린 후 재단합니다.

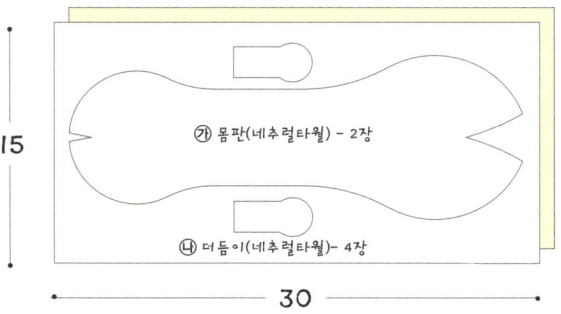

㉮ 몸판(네추럴타월) - 2장
㉯ 더듬이(네추럴타월) - 4장
15
30

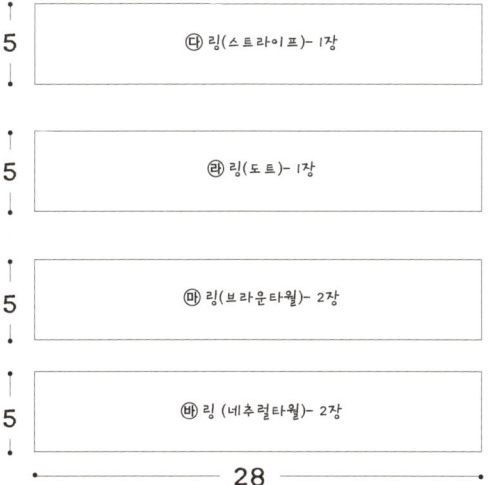

5 ㉰ 링(스트라이프) - 1장

5 ㉱ 링(도트) - 1장

5 ㉲ 링(브라운타월) - 2장

5 ㉳ 링(네추럴타월) - 2장

28

Step 01 ; 몸판 만들기

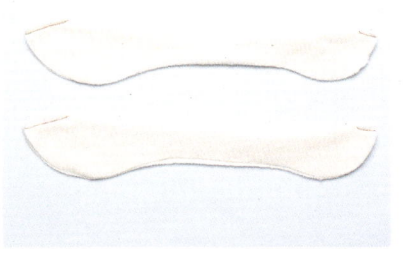 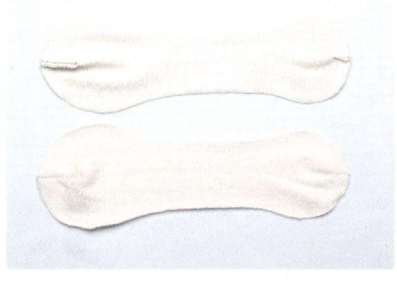 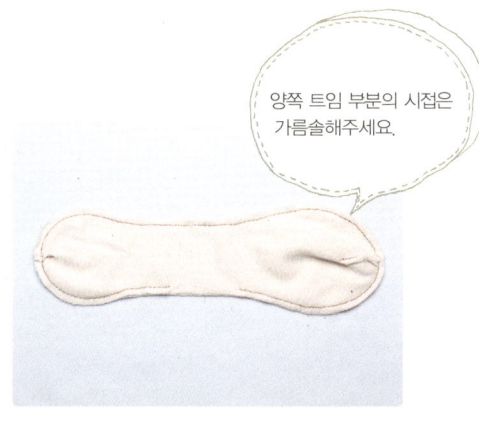

양쪽 트임 부분의 시접은 가름솔해주세요.

1 몸판 원단 두 장을 각각 반으로 접고 양쪽 트임을 시접 0.5cm를 두고 박음질합니다.

2 완성된 몸판 두 장을 겉끼리 맞댄 후, 창구멍(5cm)을 제외하고 시접 0.5cm를 두고 박음질합니다.

 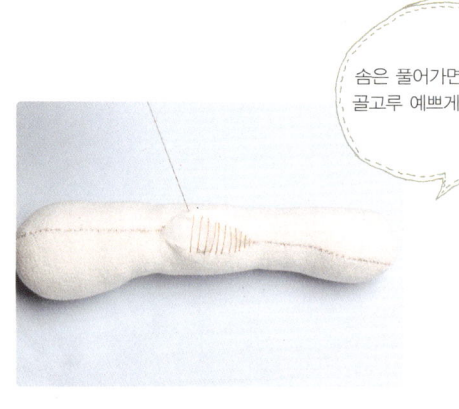

솜은 풀어가면서 넣어야 골고루 예쁘게 들어가요.

3 창구멍으로 뒤집은 후 솜과 양 끝쪽에 삑삑이를 넣고,

4 창구멍을 공그르기로 막아줍니다.

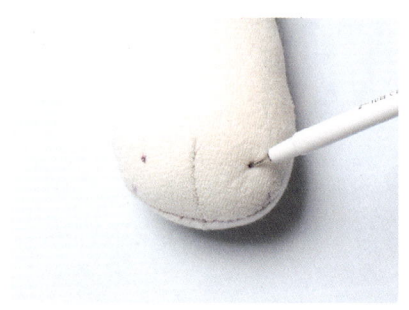 

5 몸판의 머리 쪽에 눈과 입을 그린 후 눈은 새틴 스티치로, 입은 아우트라인 스티치로 수놓아줍니다.

애벌레인형

Step 02 ; 더듬이 만들어 연결하기

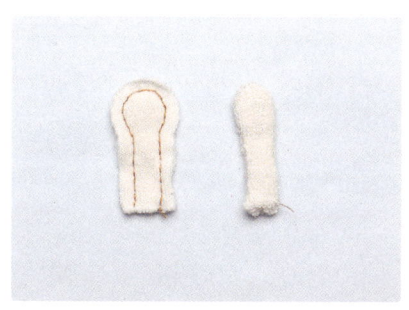

더듬이는 총 2개를 만들어주세요.

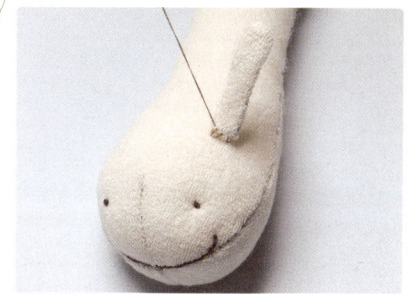

1. 더듬이 원단을 겉끼리 맞대고 밑쪽 창구멍을 제외하고 시접 0.5cm를 두고 박음질합니다.

2. 뒤집은 후 창구멍을 공그르기로 막아줍니다.

3. 완성된 더듬이를 몸판 얼굴 쪽의 적당한 위치에 감침질로 연결합니다.

Step 03 ; 링 만들기

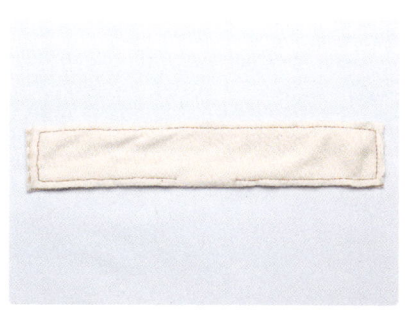
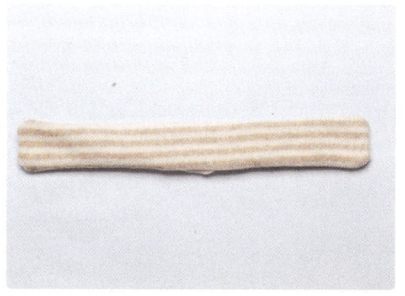

사탕비닐을 솜과 함께 넣어도 좋은 촉각 장난감이 될 수 있어요.

1. 링 원단을 두 장씩 겉끼리 맞댄 후 창구멍을 제외하고 시접 0.5cm를 두고 박음질하고,

2. 뒤집어줍니다.

3. 창구멍으로 솜과 딸랑이를 넣고, 공그르기로 창구멍을 막아줍니다.

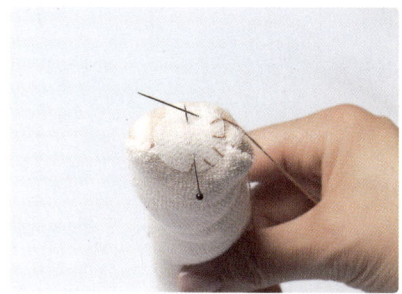

5. 벨크로 테이프를 동그랗게 자른 뒤, 링의 양 끝부분에 감침질해 고정시켜줍니다.

6. 동일한 방법으로 3개의 링을 만들어 주면 완성됩니다.

소프트 볼

아이들이 갖고 놀기 좋은 부드러운 소프트볼

폭신하고 촉감이 좋아서 아기가 가지고 놀기 좋을 뿐 아니라 서로 다른 소재와 질감, 칼라매치가 아이의 시각과 촉감을 자극시켜줍니다. 소리나는 딸랑이를 넣어주면 아기가 소리에 반응하여 청각발달에도 좋습니다. 딸랑딸랑 소리내며 굴러가는 공을 따라, 고개를 돌리거나 기어가는 아기를 상상해 보세요. 입가에 절로 미소가 지어지지 않으세요?

How to make

재 료
· 사이즈 : 지름 16cm

〈육각볼〉
- 도트 (10cm×15cm)
- 스트라이프 (10cm×15cm)
- 네추럴 벨로아 (10cm×15cm)
- 체크 (10cm×10cm)
- 브라운 벨로아 (10cm×15cm)
- 네추럴 타월 (10cm×15cm)
- 브라운 타월 (10cm×15cm)

〈미키볼〉 여러 가지 원단 10cm×20cm 6장
펠트원단 약간

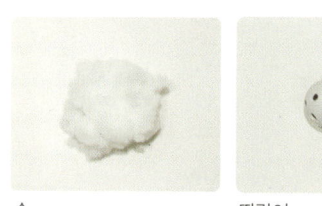

솜   딸랑이

재단하기
도안대로 그린 후 재단합니다.

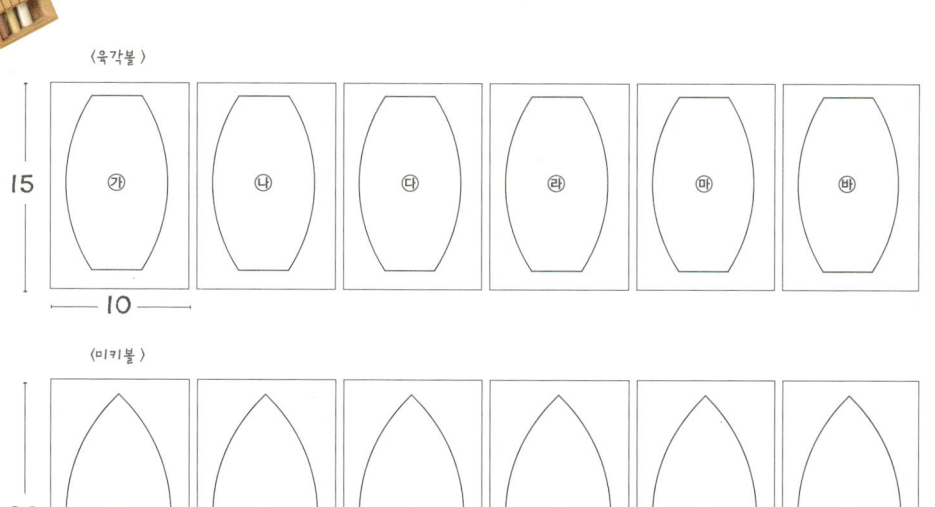

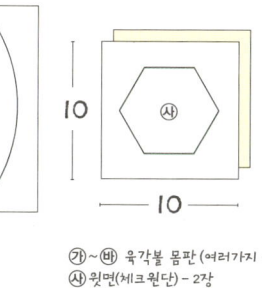

㉮~㉯ 육각볼 몸판(여러가지 원단) - 총 6장
㉰ 윗면(체크원단) - 2장

㉠~㉥ 미키볼 몸판(여러가지 원단) - 총 6장
㉦ 미키(갈색펠트) - 2장

Step 01 ; 공 모양 만들기

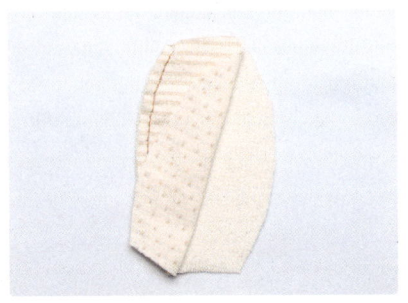  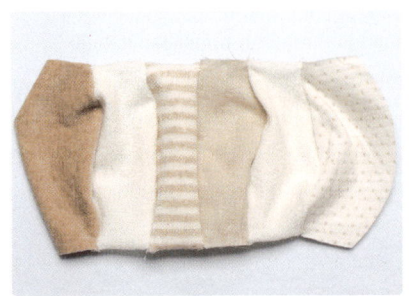

1 재단한 조각원단 두 장을 겉끼리 맞대고 시접 0.5cm를 두고 박음질해 연결합니다.

2 각각 옆에 있는 조각과 겉끼리 맞대고 박음질해 계속 연결합니다.

3 마지막 조각을 박음질할 때는 중간 부분에 창구멍을 4cm정도 남깁니다.

4 재단해 놓은 정육각형 원단을 연결한 조각원단의 위 아래 부분에 박음질합니다.

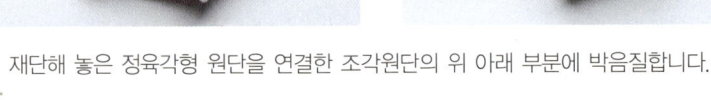

Step 02 ; 솜, 딸랑이 방울 넣기

1 창구멍으로 뒤집은 후,

2 솜을 반 정도 넣고 딸랑이를 넣은 후 나머지 솜을 넣어주세요.

3 창구멍을 공그르기로 막아서 마무리합니다.

Variation

1 재단한 조각 원단을 겉과 겉끼리 마주대고 시접 0.5cm 를 두고 박음질해 연결합니다.
2 마지막에 조각을 꿰맬 때에는 중앙에 창구멍 5cm 정도 남기고 뒤집어서 솜과 딸랑이를 넣은 후
3 창구멍을 공그르기로 막아줍니다. 미키 펠트원단은 중앙에 감침질로 연결합니다.

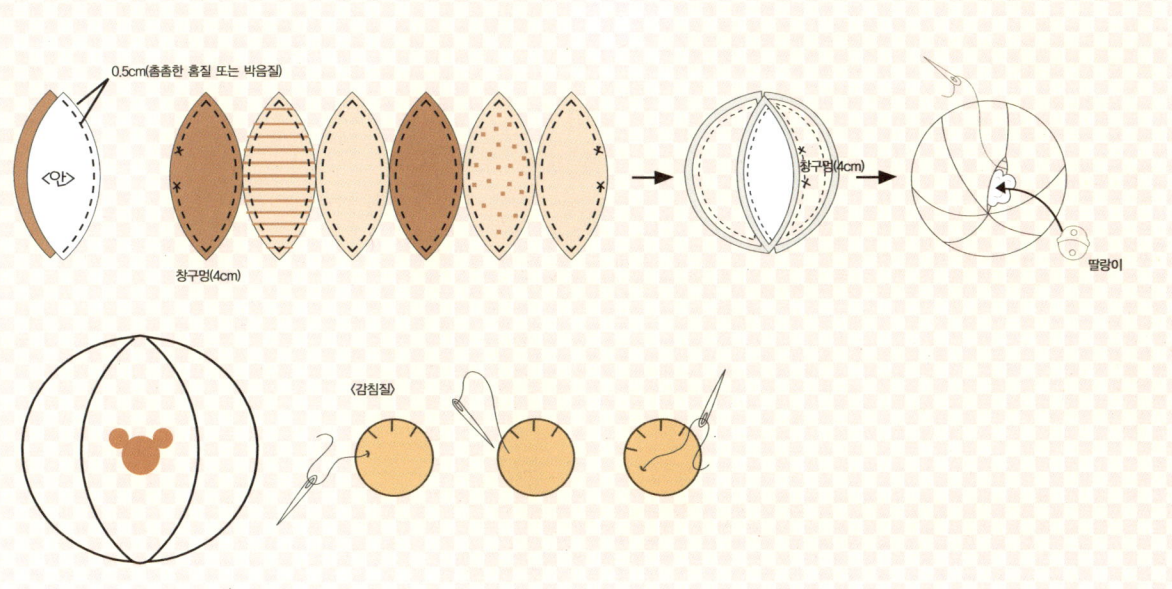

깜직 발랄 토끼 인형 앨리를 소개합니다!

쫑긋한 귀와 몽실몽실 깨물어주고 싶은 귀여운 꼬리를 자랑하는 토끼인형이랍니다. 귀와 꼬리가 특징인 토끼인형은 끌고 당기고 만지기 좋아하는 아이에게 더없이 좋은 친구가 되어 줄 거예요. 조금 난이도가 있지만 한번 도전해서 아이에게 예쁜 토끼 친구를 만들어주세요.

앨리인형

How to make

재료

- **사이즈** : 키 35cm

양면 원단
(65cm×40cm)

솜 원단
(15cm×15cm)

단추(눈)

솜 80g

재단하기

도안대로 그린 후 재단합니다.

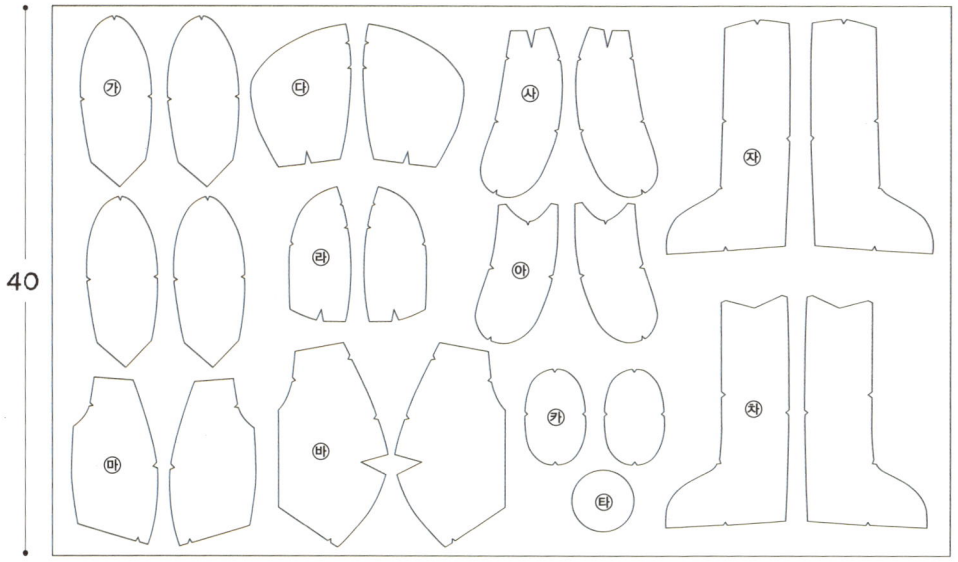

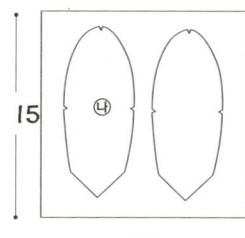

㉮ 귀 -4장   ㉯ 귀 솜-2장
㉰ 얼굴(앞면) -2장(대칭)
㉱ 얼굴(뒷면) -2장(대칭)
㉲ 몸통(배판) -2장(대칭)
㉳ 몸통(등판) - 2장(대칭)
㉴ 팔(바깥쪽)-2장(대칭)
㉵ 팔(안쪽)-2장(대칭)
㉶ 다리(바깥쪽)-2장(대칭)
㉷ 다리(안쪽)-2장(대칭)
㉸ 발(밑면) -2장
㉹ 꼬리 -1장

Step 01 ; 귀 만들기

뾰족하게 들어간 점을 맞추어 박음질해 주세요.

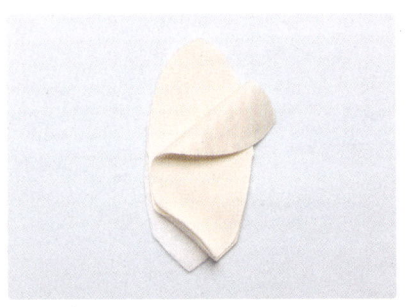

1 솜 원단 위에 귀 원단 두 장을 겉끼리 맞대고 시침핀으로 고정시킨 후,

2 밑면(창구멍)을 제외한 곡선 부분을 시접 0.5cm를 두고 박음질한 후 뒤집어 줍니다.

3 솜이 원단과 원단사이 가운데에 위치하도록 뒤집어 주고 같은 방법으로 한 쪽 귀를 만들어줍니다.

Step 02 ; 얼굴 만들기

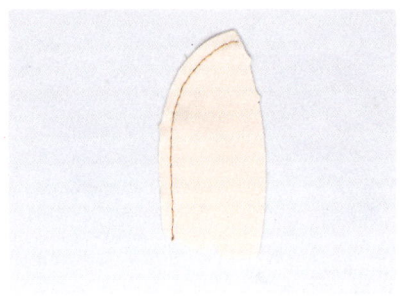
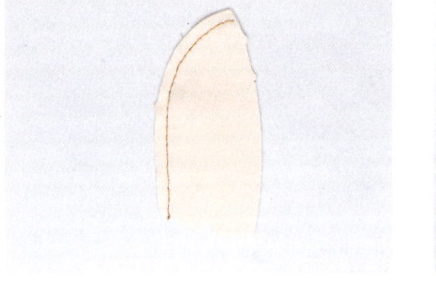

1 얼굴 뒷면 원단 두 장을 겉끼리 맞대고, 뒤 중심선을 시접 0.5cm를 두고 박음질한 후 펼쳐줍니다.

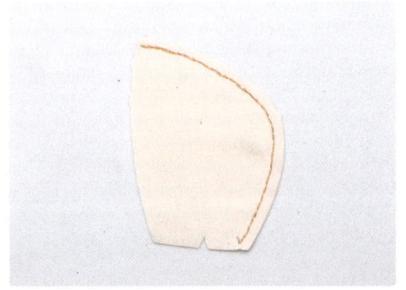
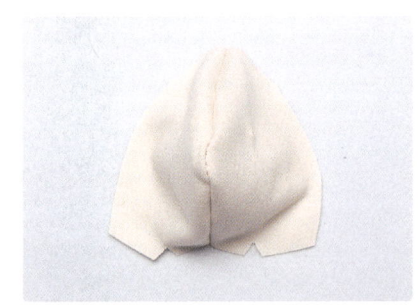

2 얼굴 앞면원단 두 장 역시 겉끼리 맞대고 앞 중심선을 시접 0.5cm를 두고 박음질한 후 펼쳐주고 뒤집어줍니다.

Step 03 ; 얼굴과 귀 연결하기

 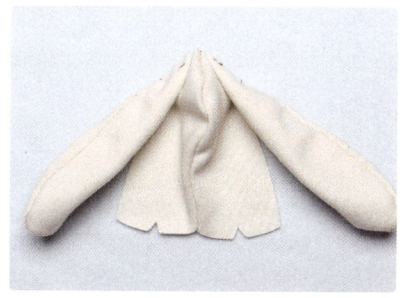

1 귀를 반으로 접어 밑선을 홈질한 후,

2 얼굴 뒷면의 겉이 위로 올라오도록 펼친 후, 접어놓은 귀를 얼굴 뒷면 상단에 홈질하여 고정시킵니다.

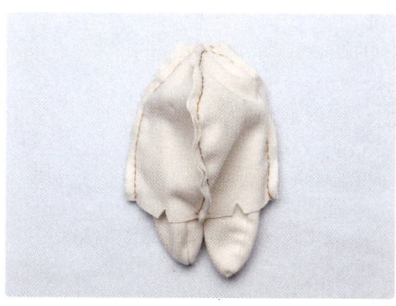 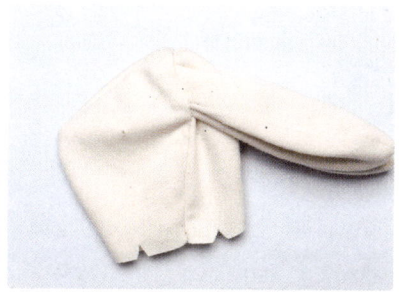

3 얼굴 뒷면과 얼굴 앞면을 겉끼리 맞대고, 다트를 맞추어 목선(밑면)을 제외한 나머지 부분을 시접 0.5cm를 두고 박음질합니다.

4 목선의 뾰족하게 낸 가위집을 겉끼리 맞닿게 접어모아 시접 0.3cm를 두고 박음질한 후, 뒤집어줍니다.

Step 04 ; 몸통 만들기

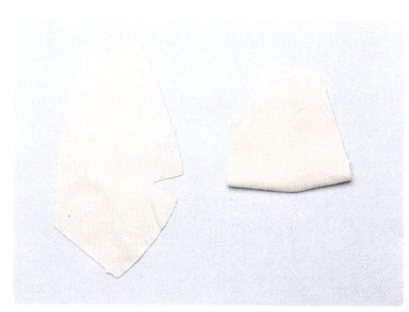 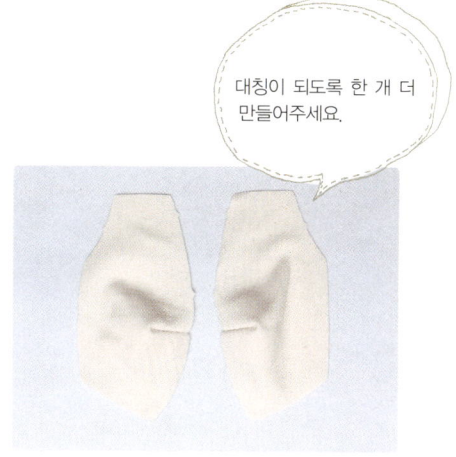

대칭이 되도록 한 개 더 만들어주세요.

1 다트를 중심으로 반으로 접어 모은 후 시접 0.3cm를 두고 박음질합니다.

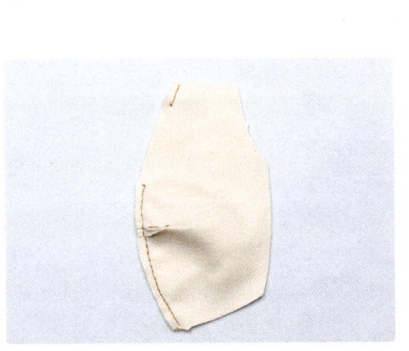 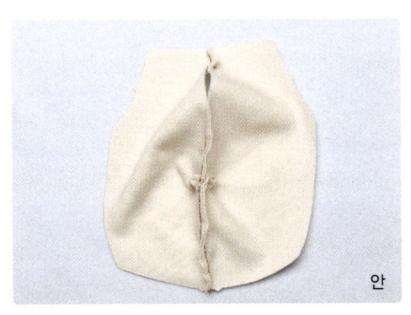 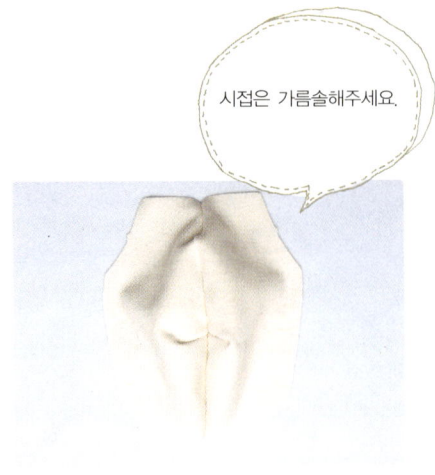

시접은 가름솔해주세요.

2 등판 원단 두 장을 겉끼리 맞대고, 창구멍을 제외한 등판 중심선을 시접 0.5cm를 두고 박음질합니다.

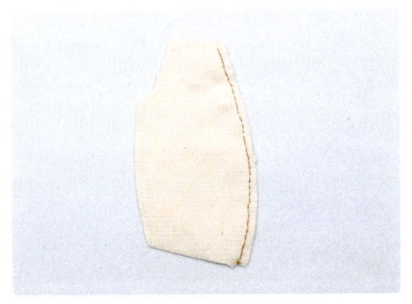 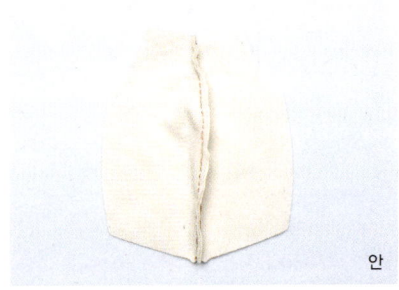 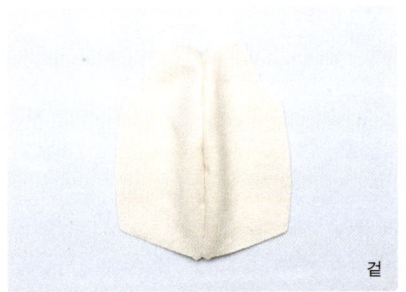

3 배판 원단을 겉끼리 맞댄 후, 다트를 맞춰어 앞 중심선을 시접 0.5cm를 두고 박음질합니다.

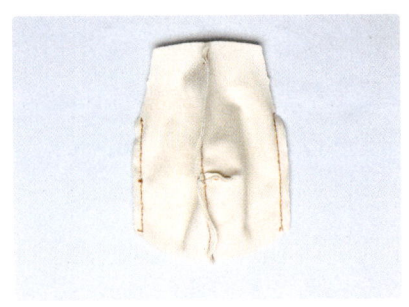 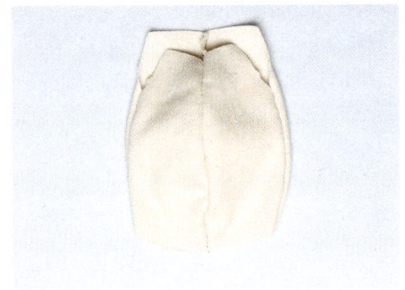

4 만들어놓은 등판과 배판을 겉끼리 맞댄 후, 양쪽 옆선을 시접 0.5cm를 두고 박음질하여 연결한 후 뒤집어줍니다.

Step 05 ; 팔 만들기

팔은 대칭이 되도록해서 총 2개를 만들어주세요.

겉쪽 팔

1 팔 앞면 원단의 다트를 겉끼리 맞닿게 접어 모은 후 시접 0.3cm를 두고 박음질합니다.

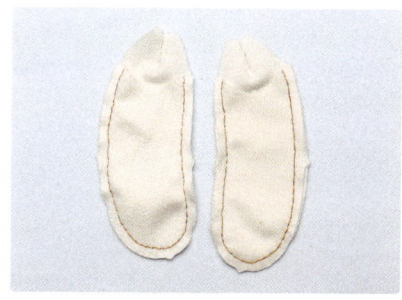
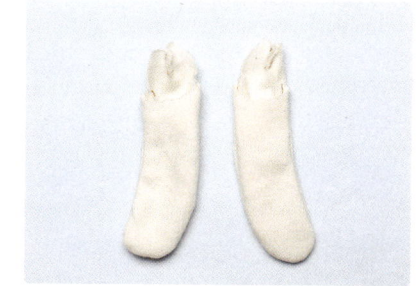

2 팔 앞면 원단과 팔 뒷면 원단을 겉끼리 맞댄 후, 팔 둘레를 시접 0.5cm를 두고 박음질한 후 뒤집어줍니다.

Step 06 ; 몸통과 팔 연결하기

★별 모양 방향으로 시침핀을 고정시켜 주세요.

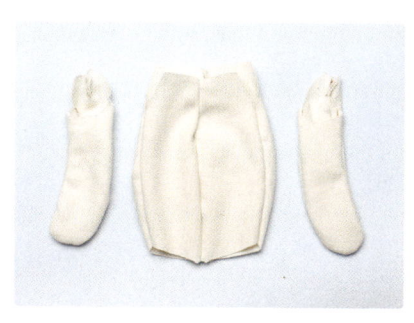

1 만들어놓은 팔을 몸통의 팔 부분에 겉끼리 맞대고, 양쪽 어깨 둘레선을 뾰족점에 맞추어 시침핀으로 고정시킵니다.

 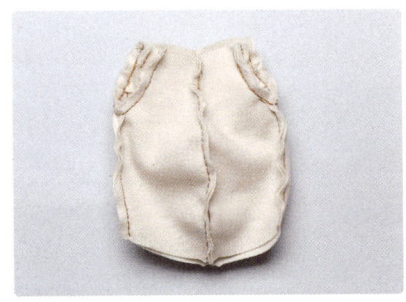

2 양쪽 어깨 둘레선을 0.5cm 시접을 두고 박음질합니다.

Step 07 ; 몸통과 얼굴 연결하기

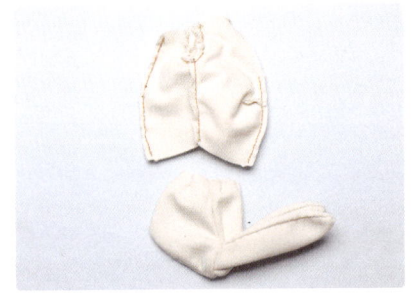 

몸통의 좁은 쪽과 얼굴의 밑면이 맞닿도록 합니다.

1 만들어놓은 얼굴을 사진과 같이 위치한 후 몸통의 안으로 넣어 둘레를 맞추어 시침핀으로 고정시킵니다.

2 몸통의 밑면을 얼굴의 밑면과 함께 박음질한 후 뒤집어줍니다.

이때 몸통은 뒤집지 않은 상태(안쪽)이며, 얼굴은 뒤집은 상태(겉쪽)입니다.

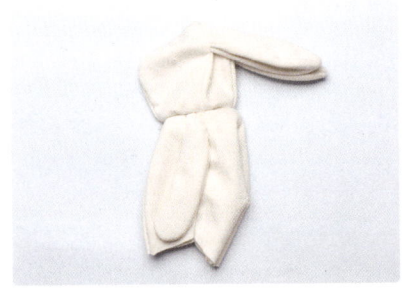 

3 뒤집어줍니다.

Step 08 ; 다리 만들기

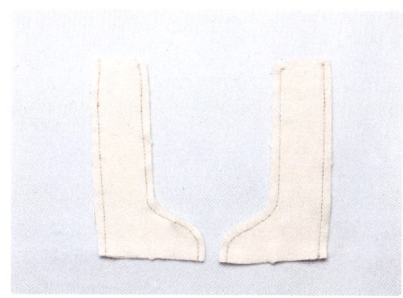 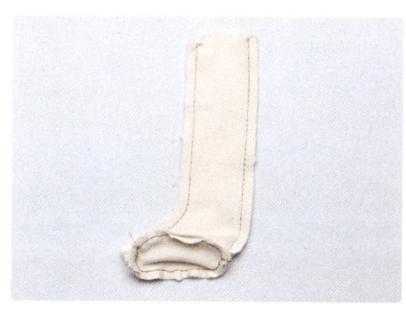 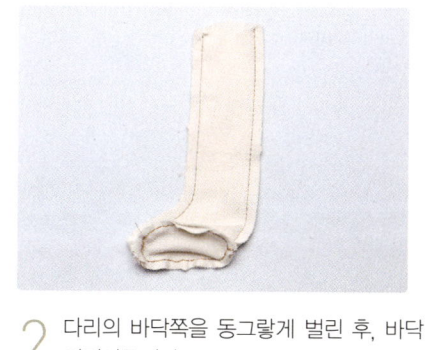

다리는 대칭이 되도록해서 총 2개를 만들어주세요.

1 다리 앞면 원단과 뒷면 원단을 겉끼리 맞댄 후, 뾰족점에 맞추어 양 옆을 시접 0.5cm를 두고 박음질합니다.

2 다리의 바닥쪽을 동그랗게 벌린 후, 바닥 원단과 겹쳐 시접 0.5cm를 두고 박음질한 후 뒤집어줍니다.

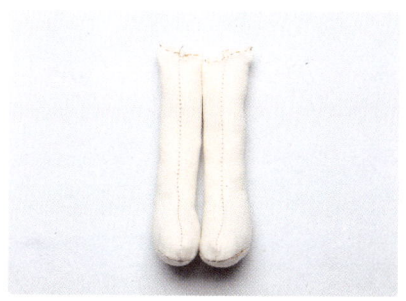

3 다리 입구 부분으로 솜을 넣은 후,

4 솜이 빠져나오지 않도록 입구 부분을 시접 0.3cm를 두고 홈질합니다.

Step 09 ; 몸통과 다리 연결하기

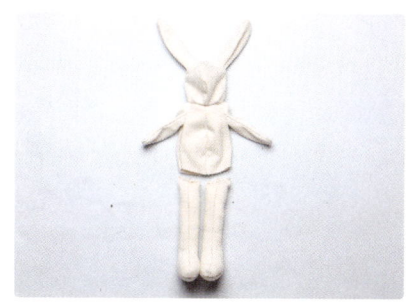 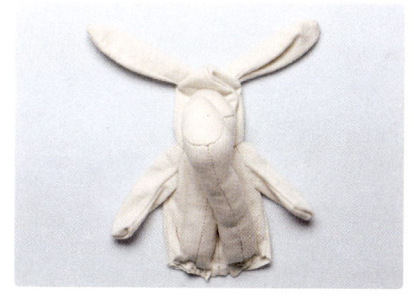 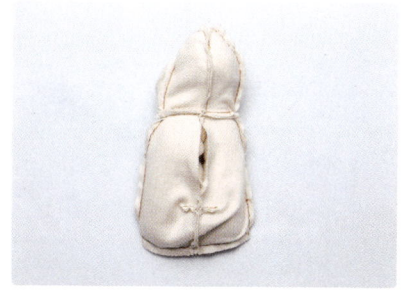

1 몸통과 다리 양쪽 분리선 기울기 방향을 맞추어 양쪽 다리를 위치시킨 후,

2 다리를 몸통쪽으로 올린 후 시접 0.3cm를 두고 홈질하여 고정시킵니다.

3 전체를 뒤집어서 안쪽면에서 몸통 밑면(다리 분리선)을 시접 0.5cm를 두고 박음질합니다.

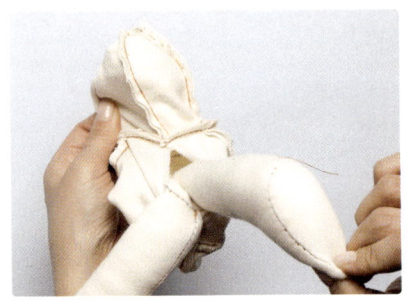

4 다시 창구멍으로 뒤집은 후,

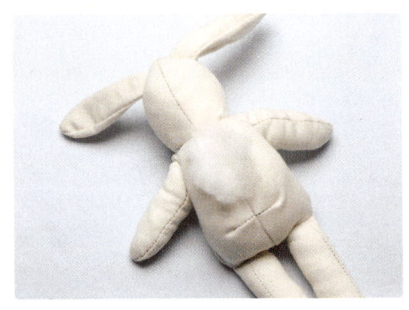

5 몸통과 얼굴에 솜을 넣고,

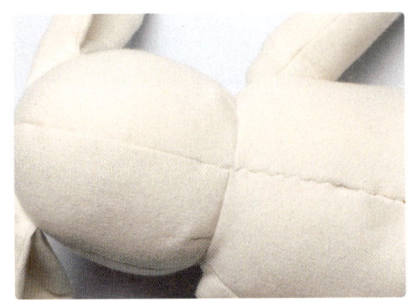

6 창구멍을 공그르기로 막아줍니다.

Step 10 ; 꼬리 연결하기

1 꼬리 원단의 가장자리를 홈질하고, 홈질한 실을 당겨 동그랗게 오므려가면서 솜을 넣어 방울 모양을 만들어줍니다.

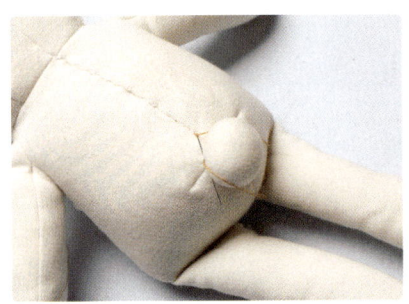

2 만든 꼬리를 엉덩이의 십자 부분에 공그르기로 달아줍니다.

Step 11 ; 표정 만들기

1 얼굴에 눈, 코, 입을 수성펜으로 그린 후,

2 눈과 코는 새틴 스티치로 수놓아 주고, 입은 매듭이 목 밑으로 지어지도록 시작시 목에서 바늘을 넣어 입을 만들어주고,

3 마무리시에도 목 밑으로 바늘을 빼서 매듭을 지어줍니다.

✱ 토끼옷 만들기

올이 풀리지 않는 펠트원단을 이용하여 간단한 조끼 옷을 만들어줍니다.
목에 리본을 묶어주고 조끼를 입혀주면 한층 더 멋진 토끼로 변합니다.

1 소프트 펠트 원단을 위의 사이즈를 참고하여 직사각형으로 재단합니다.

 꼭 부드러운 (무수지) 펠트원단을 사용해주셔야 모양이 예쁩니다.

2 재단된 펠트 원단 길이로 반을 접은후 사이즈에 맞춰 가운데 사각형을 뚫어줍니다.

3 펼친 후 토끼에게 가운데 사각형으로 양쪽팔을 끼워입혀 주세요.

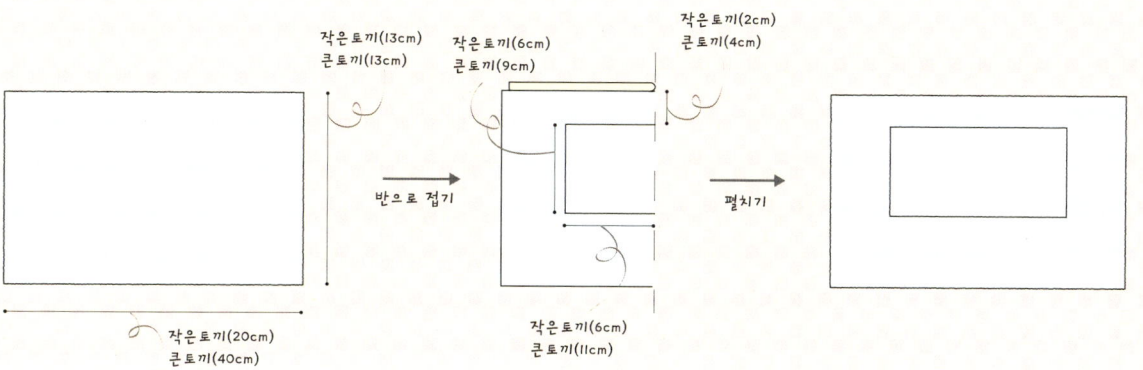

재료 : 몸판(앞판) - 무지원단 34*34cm 2장, 체크원단 34*34cm 2장, 체크원단 18*98cm 4장
몸판(뒷판) - 무지원단 98*98cm 1장, 고깔 - 삼각형원단 2장, 삼각형 밑단 55*9cm 1장,
패딩솜 100*100cm 1장, 35*35cm 1장, 장식자수패치

겉싸개 만들기

1. 고깔 만들기

① 삼각형 원단 한장에 원하는 글씨를 홈질로 수놓아 줍니다.
　삼각형 밑단 체크 원단을 반으로 접어 삼각형 원단 <겉>면과 <겉>면 사이 끝단쪽에 그림과 같이 위치시킨 후 시침핀으로 고정시켜주세요
② 끝단에서 0.5cm 안으로 들어와 홈질 합니다.(총 3겹이 홈질됩니다)
③ 삼각형 솜 원단 위에 완성된 ②를 올려놓은 뒤 다시 끝단에서 1cm 안으로 들어와 박음질합니다.
④ 맨위 민무늬 원단 한장만 시접과 함께 뒤집은 뒤 모서리 부분은 대각선으로 잘라(초록색선) 시접을 정리해 줍니다. 다리미로 눌러주시면 모양이 잘 잡힙니다.

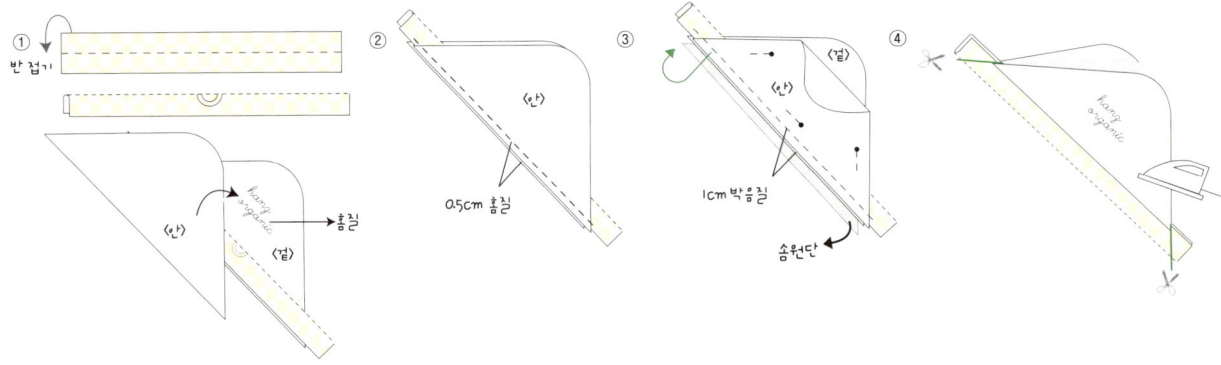

2. 몸판 - 앞면 만들기 (사각조각 연결하기)

① 시접 1cm를 두고 원단 2개씩 박음질하여 2장을 만든후 다시 위아래를 이어 박음질 합니다. 시접은 모두 가름솔 합니다.

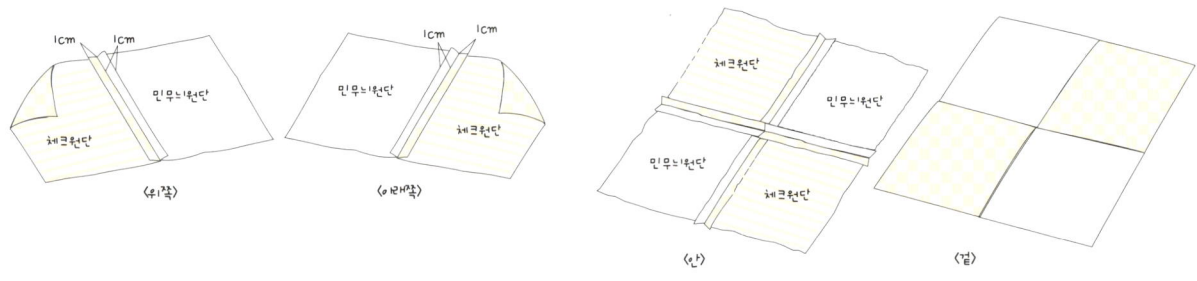

② 완성된 ①번 의 사각 테두리 모두에 체크원단을 각각 놓고 시접 1cm 을 두고 각각 박음질 합니다.
　(이때 겉면이 줄무늬가 되도록 잘 마주대고 바느질해주세요)
　깃끼리 만나는 모서리 끝부분은 깃 원단의 겉끼리 마주하도록 모서리 꼭지부분을 중심으로 대각선으로 접어줍니다,
　몸판원단의 사선에 맞춰 깃부분을 박은 후 시접을 1cm를 남기고 잘라냅니다.
　네 귀퉁위를 같은 방법으로 만든 후 시접은 양쪽으로 갈라줍니다.

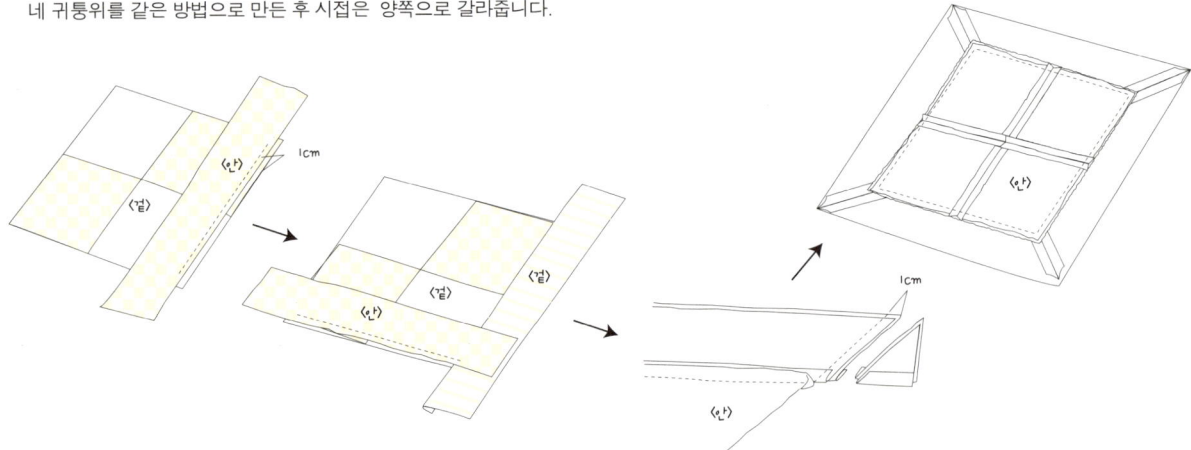

3. 자수 장식하기

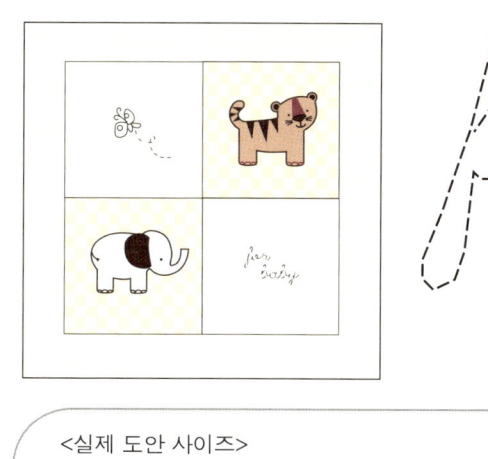

<실제 도안 사이즈>

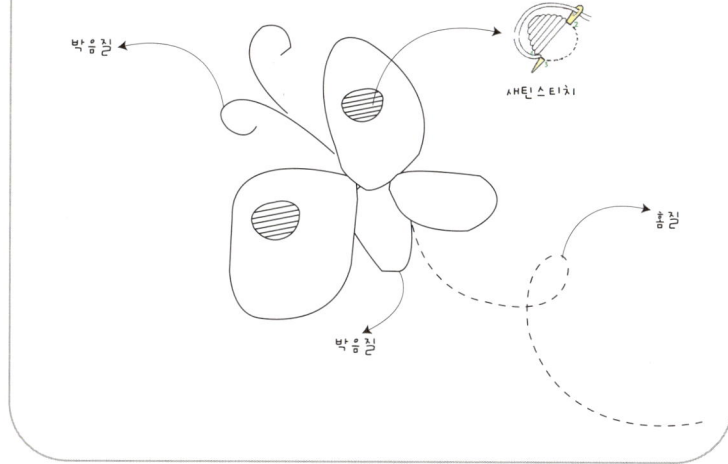

① 호랑이와 코끼리 모양을 따라 자수선 바로 안쪽을 박음질로 연결해 주세요
(호랑이는 - 몸통과 가운데 무늬 테두리를 따라
코끼리는 - 몸통과 귀곡선부분 테두리를 따라 박음질해주세요)

② 무지면에는 나비 아플리케 또는 글씨도안을 참고하여 홈질로 수놓아 줍니다.

4. 몸판 연결하기

① 사각 솜원단 위에 겉과 겉을 마주댄 몸판원단을 올려놓은 후, 한쪽 모서리를 열고 1에서 만든 모자를 올려놓고 다시 맞추어 덮은 후 전체를 시침질하여 고정시켜주세요. 끈이 달린 삼각 모자 부분도 잘 고정시켜 주시고, ★★꼭 그림과 같이 배치해 주세요.
② 창구멍을 제외하고 몸판원단에서 1cm 안으로 박음질 합니다.
③ 솜을 몸판 모양으로 잘라준 다음 모서리 부분도 가위집을 내고 창구멍으로 뒤집어 주세요. 창구멍은 공그르기 하여 막아줍니다.
④ 상침하기 - 솜원단과 몸판이 고정되도록 앞면 원단 연결 부분을 따라 앞뒤 한꺼번에 홈질하여 완성합니다.

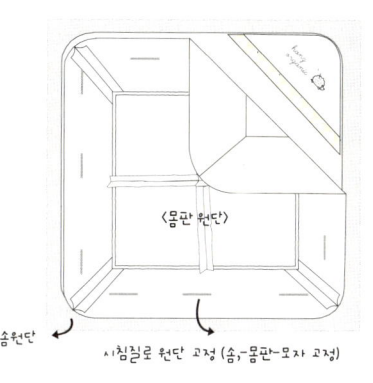
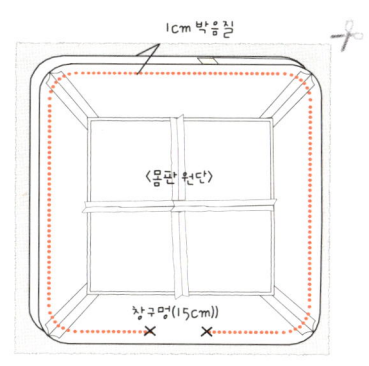
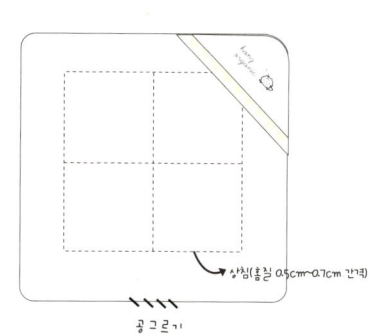

〈말풍선 글씨 도안〉

① let's go!   *Let's go!*

② hug me!   ③ love   ④ go go

hug love gogo

me!   ④ moo moo   *moomoo*

〈무지 사각 패치 글씨도안〉

① for baby

for baby

② sweet dreams!

Sweet Dreams!

손목딸랑이 만들기

재료 : 도트&스트라이프원단 20*15cm 1장 , 브라운타올원단 15*10cm,
딸랑이 2ea , 솜20g, 찍찍이 (2EA 기준)

1. 귀 만들기 - 귀 2장을 겉면끼리 마주 대고 겹쳐 0.5cm 안으로 들어와 홈질한 후 뒤집어 주세요. (토끼귀는 가운데 중심으로 말아서 홈질로 고정)

2. 얼굴 만들기 - ① 오려놓은 얼굴 한장 겉면에 귀 위치를 잡아 그림과 같이 놓고 귀부분을 홈질로 고정시켜주세요.
② 다른 한장의 얼굴 원단과 ①을 겉면끼리 마주대고 0.5cm 안으로 들어가 박음질 합니다. (창구멍은 남기지 않습니다.)

*이때 귀를 고정시켜준 얼굴원단이 <앞>이 되며 마주대는 원단이 <뒤>가 됩니다. ③ 에서 가위집으로 창구멍 만들어줄때
꼭 뒷쪽 원단에 내주어야 하니 기억시시거나 원단에 살짝 표시해주세요^^

③ 뒷면만 가운데에 2cm 정도 가위집을 내어 창구멍을 만들어줍니다. 얼굴원단을 반을 접어 뒷장만 살짝 잘라 준다음
창구멍으로 뒤집어주세요

④ 창구멍으로 솜과 딸랑이를 넣고 공그르기하여 마무리 한 후 눈 코 입 위치를 그려넣은후 박음질로 수놓아줍니다.

*바늘 매듭은 뒤쪽에서 빼주시면 얼굴과 손목띠 고정후에 매듭이 보이지 않습니다.

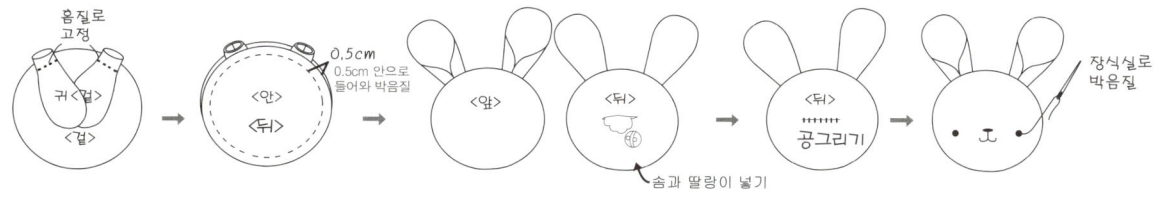

3. 손목띠만들기 - 겉끼리 마주대도록 원단을 반을 접은 후 창구멍을 제외하고 0.5cm 안으로 들어와 박음질 한뒤 공그르기하여 창구멍을 막아주세요.
찍찍이 를 꿰메어 완성합니다.
찍찍이는 한쪽면에 까슬한 부분 다른 한쪽면에는 부드러운 부분이 되도록 찍찍이를 감침질 하여 달아주세요.

*원단 한겹만 떠서 감침질 해주시면 바느질 하기 쉬워요

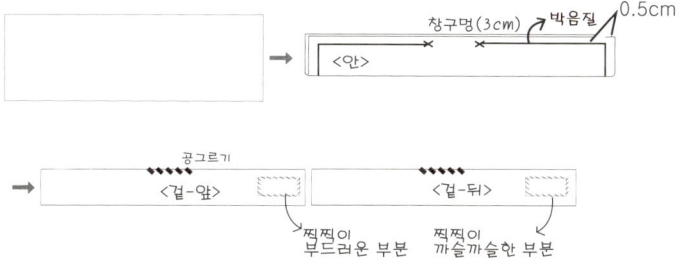

4. 연결하기 - 손목띠 가운데에 완성된 곰돌이(또는 토끼)얼굴을 감침질하여 튼튼히 고정시켜 완성합니다.

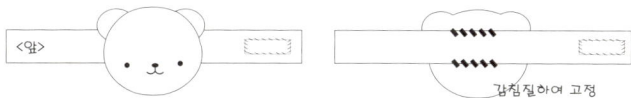

수유쿠션 만들기

재료 : 커버 – 양면 누빔원단 75*75cm 2장 , 패치, 지퍼 50cm , 파이핑 3M ,
속통 – 안감용 원단 75*75cm 2장, 솜 1.2kg

1 자수패치 고정하기 – 예쁜 자수패치를 원하시는 겉면 1장에 (무지면 또는 스트라이프 면) 그림과 같이 위치시켜줍니다.
자수패치 외곽을 박음질 또는 촘촘한 홈질로 고정시킵니다.

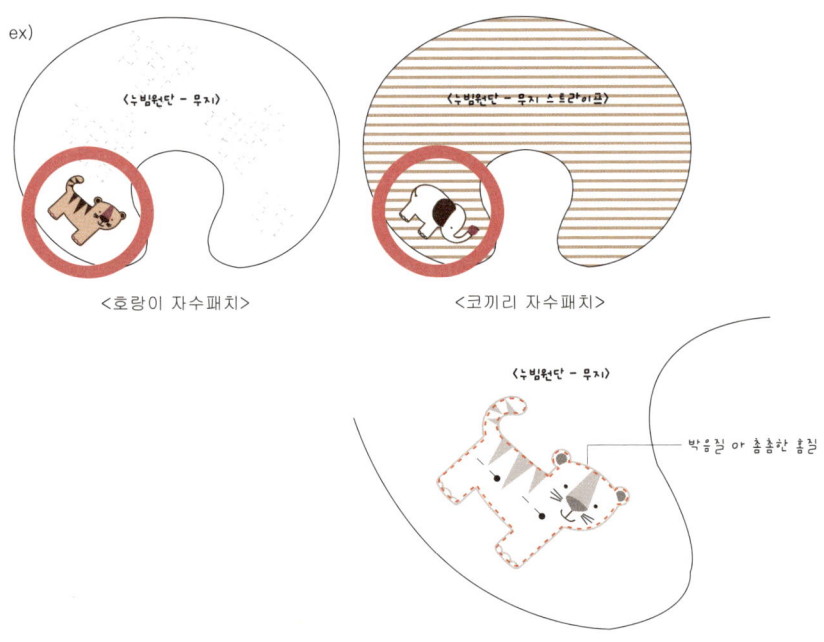

▶ 호랑이 자수패치를 예로 들어 설명드릴께요~!

2 쿠션 만들기 – 파이핑 두르기

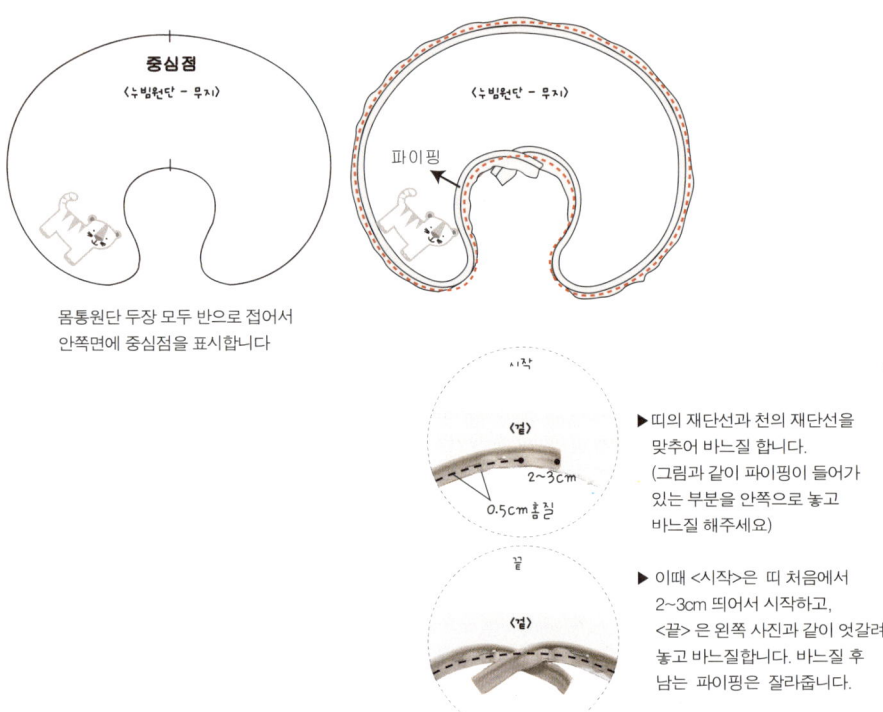

▶ 띠의 재단선과 천의 재단선을
맞추어 바느질 합니다.
(그림과 같이 파이핑이 들어가
있는 부분을 안쪽으로 놓고
바느질 해주세요)

▶ 이때 <시작>은 띠 처음에서
2~3cm 띄어서 시작하고,
<끝> 은 왼쪽 사진과 같이 엇갈려
놓고 바느질합니다. 바느질 후
남는 파이핑은 잘라줍니다.

3 쿠션 만들기 - 지퍼달기

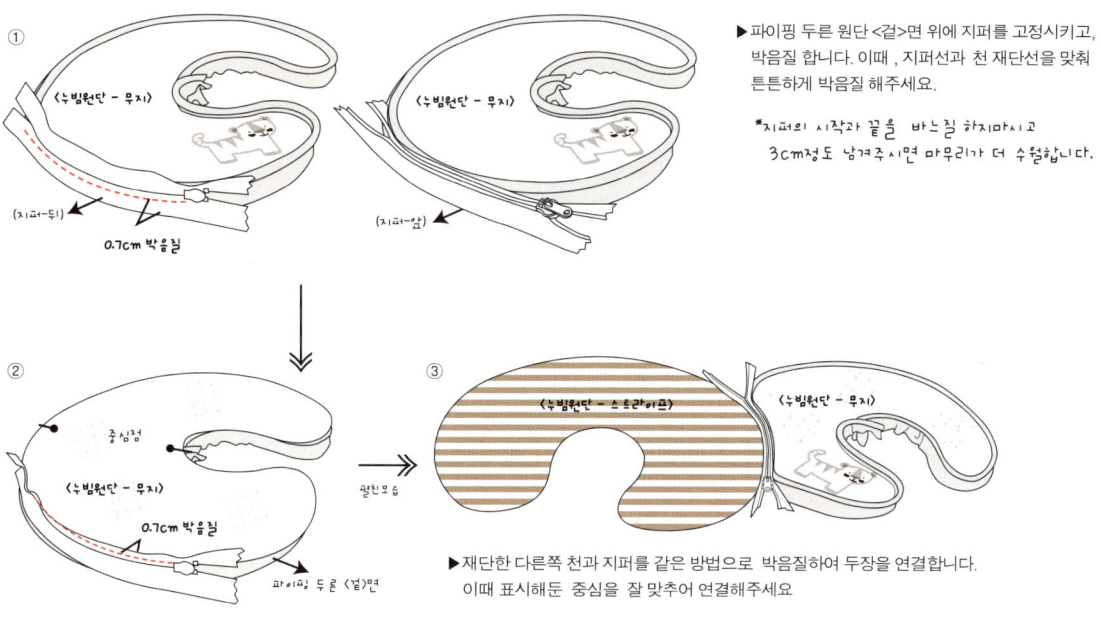

▶ 파이핑 두른 원단 <겉>면 위에 지퍼를 고정시키고, 박음질 합니다. 이때, 지퍼선과 천 재단선을 맞춰 튼튼하게 박음질 해주세요.

*지퍼의 시작과 끝을 바느질 하지마시고 3cm정도 남겨주시면 마무리가 더 수월합니다.

▶ 재단한 다른쪽 천과 지퍼를 같은 방법으로 박음질하여 두장을 연결합니다. 이때 표시해둔 중심을 잘 맞추어 연결해주세요

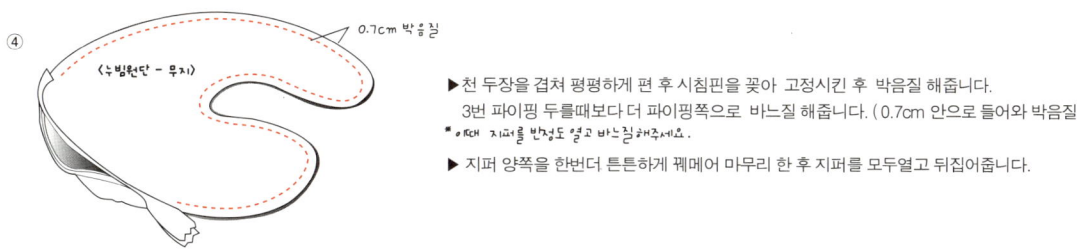

▶ 천 두장을 겹쳐 평평하게 편 후 시침핀을 꽂아 고정시킨 후 박음질 해줍니다. 3번 파이핑 두를때보다 더 파이핑쪽으로 바느질 해줍니다. (0.7cm 안으로 들어와 박음질)
*이때 지퍼를 반정도 열고 바느질해주세요.
▶ 지퍼 양쪽을 한번더 튼튼하게 꿰메어 마무리 한 후 지퍼를 모두열고 뒤집어줍니다.

*솜 속통은 따로 구입하셔도 되고 안감 용 면원단을 이용하여 같은 방법으로 (■파이핑과지퍼를 달지않고) 박음질한 후 솜을 넣어 만들어줍니다.

baby 이불/요 커버 만들기

<이불커버>

1. 준비 재료 & 재단하기
① 이불 : 41*39 cm 12장 (무지 사틴원단 6장 / 체크 6장), 119*150 (무지 사틴원단1장), 119*150 (누비솜 1장)
② 요 : 108 x 138cm (무지 사틴원단 2장), 108*138 (누비솜 1장)
③ 지퍼 : 135cm

2. 이불 - 앞판 만들기 (사각조각 연결하기)
① 시접 1cm를 두고 체크원단과 무지원단을 번갈아 이어붙여 앞판을 완성합니다. 시접은 모두 가름솔 합니다.
② 앞판 뒷면에는 패딩솜을 놓아 겉에서 솜과 함께 한번 더 박음질 또는 홈질하여 패치워크의 모양을 잘 유지합니다.

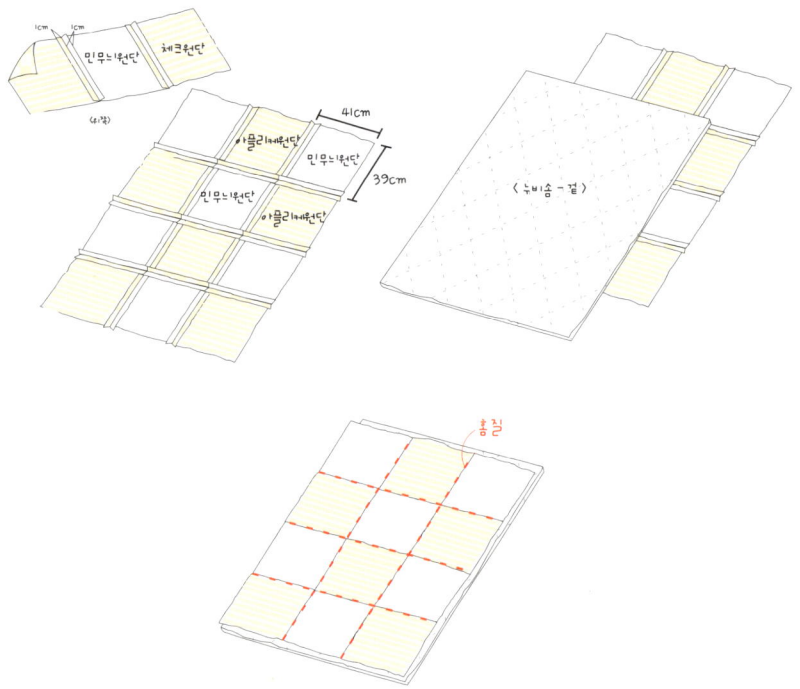

3. 지퍼연결하기 (앞판-뒤판 연결하기)
① 지퍼는 이불 옆면길이에 맞게 잘라주신 후, 양쪽 끝부분 1.5cm 시접을 여러번 박음질하여 지퍼가 바깥으로 넘어가지 않도록 고정두고 해 막아줍니다.

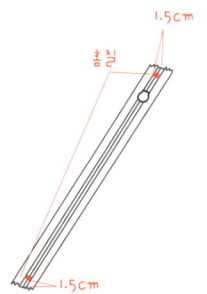

② 2에서 완성된 앞판 <겉>면 A라인에 쟈크를 뒷면을 일치시켜 박음질 합니다.
③ 쟈크한쪽라인과 연결 된 앞판을 <안>면이 보이도록 놓고, 뒷면(사틴)을 ①처럼 동일하게 박음질 하여 연결해줍니다.
④ 쟈크 연결 완료된 두면을 <겉>끼리 마주대고 0.5cm 시접두고 외곽을 박음질합니다. 시점은 오바로크 처리하여 마무리합니다.
　tip. 쟈크를 살짝 올려주신 후, 박음질 해주셔야 뒤집기가 쉽습니다. 쟈크부분이 창구멍 역할을 해줍니다.
⑤ 쟈크를 여신 후 <겉>면이 나오도록 뒤집어 줍니다.

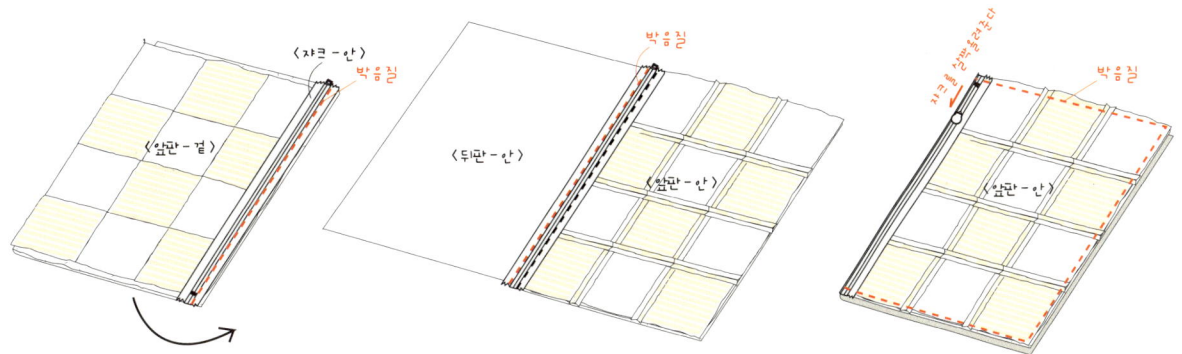

<요커버>

1. 요 - 앞판만들기

① 사틴원단에 양쪽 시접분 1cm남긴후, 8등분하여 수성펜으로 그려줍니다.
② 사틴 아래에 누비솜 원단을 얹힌 후, 직선을 홈질해줍니다.

** 앞판이 완성되었습니다.
　같은방법으로 <요커버>도 만들어줍니다.

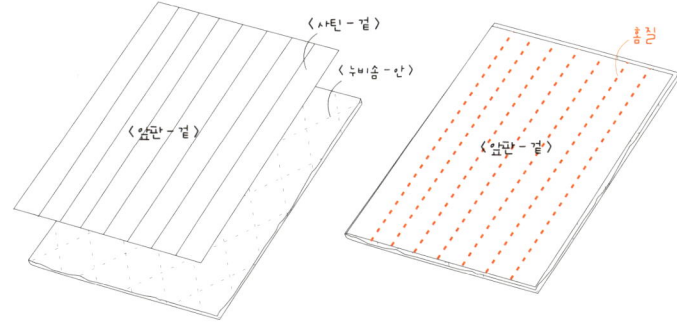

** <이불>과 <요>커버 안에 이불솜(목화솜)을 넣어 사용해주세요!

핸즈

Handmade Gifts for My Baby with L-O-V-E

더 쉬운, 더 예쁜, 더 안전한 핸즈네 아기용품 만들기
www.hanz.co.kr